김라희는
뜨개렐라 2

**김라희는 뜨개렐라 2**

센스 있는 코바늘 · 대바늘
**손뜨개 작품**

초판 인쇄 2018년 12월 10일
초판 발행 2018년 12월 17일

지은이 김라희
감수 박선주
촬영 조민성
발행인 조규백
책임편집 한이슬
발행처 도서출판 구민사
주소 (07293) 서울특별시 영등포구 문래북로 116, 604호(문래동3가 46, 트리플렉스)
전화 (02)701-7421(~2)
팩스 (02)3273-9642
홈페이지 www.kuhminsa.co.kr
신고번호 제 2012-000055호(1980년 2월 4일)
ISBN 979-11-5813-618-5 (03590)
정가 14,800원

이 책은 구민사가 저작권자와 계약하여 발행했습니다.
본사의 서면 허락 없이는 어떠한 형태나 수단으로도 이 책의 내용을 이용할 수 없음을 알려드립니다.

# 김라희는 뜨개렐라 2

센스 있는 코바늘 · 대바늘
**손뜨개 작품**

# Prologue

드디어 김라희는 뜨개렐라 두 번째 책, <김라희는 뜨개렐라2 : 센스있는 코바늘·대바늘 손뜨개 작품>이 나왔습니다. 처음 책을 쓰고 미처 그 희열이 가시기도 전에 벌써 두 번째 책을 쓰게 되었는데요, 저에게는 다시 한 번 고된 즐거움이 함께 한다는 의미이기도 했습니다.

첫 책이 나온 후 지금까지 더 많은 털실을 만나고 작품을 위해 깊게 고민해보는 시간을 가질 수 있었습니다. 두 번째 책 <김라희는 뜨개렐라2 : 센스있는 코바늘·대바늘 손뜨개 작품>을 내고, 유튜브나 블로그 등에서 활발히 활동하고 있지만 저는 아직 손뜨개에 대해 아는 것보다는 모르는 것이 더 많은 초보입니다.

이제 막 손뜨개의 세계에 입문했거나, 뜨개질에 흥미는 있지만 여전히 도안 읽기가 어려운 초보자들은 가방이나 가디건 같은 작품에 영영 도전할 수 없는 것일까요?

<김라희는 뜨개렐라2 : 센스있는 코바늘·대바늘 손뜨개 작품>과 함께라면 도전하실 수 있습니다.^^

첫 책이 왕초보들을 위한 책이었다면, 이 책은 저와 같은 초보자 분들이 한층 더 보람을 느낄 수 있는 작품들을 만들어보실 수 있는 책입니다. 뜨개질 동영상을 큐알코드로 삽입하여 어려운 부분을 독자분들이 참고하실 수 있도록 하였으며 한 가지 뜨개법으로 여러 응용이 가능해 다양한 작품을 완성하여 성취감을 만끽하실 수 있을 것입니다.

그저 도안대로 따라 해서 획일적인 작품을 만드는 것이 아니라 저와 같은 방법으로 작품을 구상하고, 개개인의 취향에 맞는 개성적인 작품을 만들어보실 수 있습니다. 자유롭게 상상하고 뜨개질해서 세상에 하나밖에 없는, 나만의 소품을 만드는 뜨개질의 즐거움에 푹 빠져보세요!

많은 분들이 손뜨개의 무궁구진한 매력이 빠지셨으면 하는 바람입니다.^^

<김라희는 뜨개렐라2 : 센스있는 코바늘·대바늘 손뜨개 작품>은 뜨개질을 가르쳐주는 책이 아니라, 저의 경험과 아이디어를 독자 분들과 공유하는 책입니다. 전문적인 뜨개 지식보다 창의력과 아이디어가 더 중요하단 것을 알아주셨으면 합니다.

화려한 기교나 테크닉 없이 실용적이고 예쁜 뜨개 작품들을 함께 만들러 떠나 볼까요?

* 동영상의 오류나 개선사항을 책에 더욱 자세하고 정확하게 기재하였습니다. 책 위주로 관심 있게 봐주세요.

* 뜨개렐라 김라희가 직접 운영하는 손뜨개, 수공예 커뮤니티 '라희네 뜨개방'에 놀러오세요! 영상 다시보기, 도안 공유, 손뜨개 Q&A 등 다양한 팁과 정보들을 얻으실 수 있습니다.^^ 책 내용에 관한 질문이나 손뜨개에 대한 모든 궁금증을 '라희네 뜨개방'에서 해결해보세요!

라희네 뜨개방
http://cafe.naver.com/0303rh

# Contents

| | |
|---|---|
| 프롤로그 | 5 |
| 털실 함량에 따른 특성 | 10 |
| 이 책에 사용한 털실 | 14 |
| 이해하기 쉬운 깨알같은 뜨개 상식 | 16 |
| 재료 소개 | 18 |
| 자주 쓰이는 기초 기법 - 코바늘 편 | 20 |
| 자주 쓰이는 기초 기법 - 대바늘 편 | 30 |

\* 〈김라희는 뜨개렐라2 : 센스있는 코바늘 · 대바늘 손뜨개 작품〉에는 팬 분들께서 주신 소중한 선물들이 촬영 소품으로 일부 활용되었습니다.

1. 심플 사각 토드백 — 42
2. 포근포근 더비 햇 — 48
3. 빅 리본 모자 — 54
4. 대왕 리본 쿠션 — 62
5. 양면 물결 꽈배기 목도리 — 70
6. 꼬불 넥워머 시즌 II — 76
7. 다용도 소쿠리(소, 중, 대) — 82
8. 신축성 좋은 세안밴드 — 88
9. 바구니 무늬 파우치 — 94
10. 라스민 스티치 클러치 & 크로스백 — 106
11. 심플 카라 케이프 — 112
12. 내사랑 24k 클러치 — 118
13. 허브 웨이브 스카프 — 124
14. 네모네모 발매트 — 130
15. 박시핏 롱가디건 — 136
16. 라스민 클러치백을 응용하여 만드는 라스민 티코스터 — 144
17. 바늘이 필요 없는 털실 액세서리 리본 만들기 — 150
18. 김라희식 '폼폼' — 154
에필로그 — 158

# knitting

손뜨개 초보자 분들이 가장 많이 하시는
질문 중 하나가 좋은 털실에 대한
질문입니다.
하지만 털실의 경우 개인의 취향과
기준이 각기 다르기 때문에 다른 사람의
추천으로 구입을 해도 마음에 꼭 든다는
보장이 없지요.
아무리 좋은 털실이라도 내가 원하는
색상 느낌 또는 질감이 아니라면
무슨 소용이 있을까요?
털실 고르기가 가장 힘들다는
분들을 위하여 털실을 고를 때 참고
하실 만한 각각 털실의 함유량에 비례한
제 주관적인 느낌과 특성들을 정리해
드리겠습니다.
참고하셔서 마음에 드는 털실을
준비해 예쁜 손뜨개를 해 보세요.

김라희가 전해 드리는
# 털실 함량에 따른 특성

## 울 100%

보편적으로 울 100%인 털실 10개 중 8개는 따가움 혹은 까스러움이 느껴집니다. 하지만 따가움이 느껴지지 않는 실도 있으며 많이 거칠다 느껴지시면 섬유유연제를 사용하여 촉감을 조금 완화시킬 수 있습니다. 거칠지 않은 촉감을 가지고 있는 울 털실이라도 부드럽다 라는 느낌보다는 건조하고 포근한 촉감을 가지고 있습니다. 대부분 무게가 가벼우며 보풀의 발생은 실의 종류와 공정과정에 따라 다릅니다. 무게가 가벼운 편이기 때문에 보통은 의류용으로 많이 사용합니다. 어린 아기들의 의류에는 거친 느낌을 느낄 수 있습니다.

## 울 + 면

보온성을 유지하면서 깔끔한 뜨개질이 가능합니다. 털실의 특성상 꼬임이 갈라짐이 있는 경우가 있으며 보통은 4계절 사용되는 가방이나 이불 등 소품을 뜨개질하는 경우가 많습니다.
면이 함유되어 있다 해도 약간의 보풀이 발생하는 편이며 대부분 촉감이 부드러운 경우가 많아 아기용품에도 적합합니다.

## 아크릴 (소프트 아크릴)

초보자들이 가장 많이 사용하는 털실 중 하나입니다. 가격은 비교적 저렴한 편이며 인형 뜨개질이나 수세미에도 사용됩니다. 부드럽게 나온 소프트 아크릴의 경우 초보자분들이 의류나 목도리 등을 뜨는 경우가 많은데 무늬를 뜨거나 너무 크게 잡아 뜨면 사용하기에 따라 보풀이 발생하기 쉬우므로 보풀에 예민하신 분들은 피하시는게 좋습니다.

## 아크릴 + 울

아크릴과 울 조합은 초보자를 포함한 모든 분들이 가장 보편적으로 사용하는 털실이기도 합니다. 울 100%에 비해 무게가 무겁지만 의류부터 소품까지 다양하게 활용이 가능하며 보온성과 포근한 촉감 때문에 많은 분들이 애용하고 있습니다.
시중에 우리가 흔히 알고 있는 털실의 대부분은 아크릴과 울을 함유한 것이 가장 많습니다.

### 면 100%
### (12, 18, 24합)*

* 12, 18, 24합은 실의 두께입니다.
  (12겹, 18겹, 24겹으로 이해하세요.)

상당히 단단한 촉감을 가지고 있습니다. 따라서 손뜨개를 하실 때 힘이 많이 들어가는 경우가 많습니다. 보풀이 발생하는 경우가 거의 없기에 발 매트나 여름옷 등 다양한 소품과 의류에 사용됩니다. 털실의 두께가 두꺼울수록 손뜨개 하실 때 힘이 많이 들어 갑니다.
세탁이 용이하지만 세탁 후 사이즈가 줄어듭니다. 소품류 등 사용처가 넓습니다. 하지만 무게가 무거운 편이기 때문에 얇은 여름용 의류실이 아니면 의류용으로는 적합하지 않습니다.

### 수면사

'수면'이라는 재료로 만들어진 털실입니다. 대부분 매우 부드럽고 포근한 구름과 같은 촉감을 가지고 있습니다.
어린아이 의류부터 이불까지 다양하게 활용이 되며 보온성 또한 매우 우수합니다. 하지만 실 자체에 털이 많이 달려 있어 코가 잘 보이지 않아 실수를 해도 잘 모르는 경우가 많아 왕초보분들께는 적합하지 않습니다.

### 대나무(밤부)

여름용 털실입니다. 매우 가늘고 가벼운 특징이 있으나 손뜨개를 뜬 후 편물이 굉장히 찰랑거리는 촉감을 가지고 있습니다. 보통은 여름용 의류(얇은 면사와 동일)에 많이 사용합니다. 부드럽고 시원한 촉감을 가지고 있습니다. 의류를 너무 길게 만들게 되면 편물이 약간 늘어지는 현상이 있기 때문에 그걸 감안해서 뜨개를 해야 합니다.

### 나일론 혹은
### 종이, 라피아

여름용 소품이나 가방을 뜨는데 최적화된 실입니다. 매우 가볍고 보통은 비닐과 비슷한 촉감을 가지고 있으며 종이 털실은 비와 수분에 취약합니다. 나일론 실의 경우 굉장히 질기기 때문에 여름용 소품 전용 실이라고 생각하시면 됩니다.
라피아는 여름 전용 모자와 가방 등 왕골 느낌을 낼 수 있어 여름에 특히 많이 사용합니다.

김라희가 전해 드리는
## 털실 함량에 따른 특성

| | |
|---|---|
| **슬라브사** | 털실의 굵기가 일정하지 않아 차이가 많이 나는 털실입니다. 굵기가 굵은 구간과 얇은 구간이 있으며 이 털실을 사용할 때 바늘 사이즈는 굵은 구간에 맞추시면 됩니다. |
| **네프사** | 털실 사이사이에 보푸라기 같은 털실칩이 붙어 있는 실들을 통칭합니다. |
| **트위드** | 2~3가지 색상의 실을 한 번 더 꼬아 만든 털실이라고 이해하시면 됩니다. 꽈배기 모양처럼 꼬임이 확실하게 보이는 특성이 있으며 꼬여 있는 털실들의 컬러가 다른 것도 있어 화려한 분위기를 낼 수 있습니다. |
| **램스울** | 어린 양의 털로 만든 털실입니다. 5~6가닥의 얇은 털실이 일반적입니다. 초보자분들은 다루기 힘들며 꼬임이 없는 얇은 털실 여러 가닥으로 뜨개질이 가능합니다. 대부분 니트 특유의 냄새가 심하며 이는 세탁 후에 대부분 사라집니다. 먼지 날림도 심한 편이지만 완성 시 자연스럽고 포근한 특유의 작품 퀄리티가 좋아 해외에서는 블랭킷 종류로 많이 사용하는 털실입니다. |
| **오가닉, 유기농** | 털실의 이름에 '오가닉' 혹은 '유기농'이 붙은 실들의 경우 화학적인 공정 과정을 거쳐 생산되지 않고 인증을 받은 실들입니다. 아토피나 각종 알러지가 염려되는 사람들이나 어린 아이, 신생아의 용품 등을 뜰 때 많이 사용합니다. |
| **퍼** | 이름 그대로 페이크 퍼 느낌을 줄 수 있습니다. 한 오라기의 단단한 실 위에 다양한 기장의 털이 붙어 나와 겉뜨기만으로도 퍼 느낌을 줄 수 있는 독특한 털실입니다. 〈김라희는 뜨개릴라 쉽고 예쁜 코바늘 대바늘〉에서 등장했던 퍼 워머 역시 같은 종류의 실로 만들어졌습니다. |

### 스팽글
실 중간중간 스팽글이 달려 있어 반짝거리는 효과를 줄 수 있는 실입니다. 보통은 다른 실과 합사(合絲)하는 경우가 많으며 흔히 우리가 알고 있는 동그란 스팽글이 달려 있습니다.

### 극세사
흔히 우리가 알고 있는 수면사의 일종입니다. 매우 부드럽고 포근합니다.

### 코드사
전선처럼 완벽한 원통형의 모양을 가지고 있는 실들입니다. 대부분 실 자체가 질기고 튼튼하여 가방과 모자 등 소품에 많이 활용됩니다.

### 튜브사
코드사와 비슷한 형태의 실입니다. 하지만 전선 코드처럼 속 안이 비어 있는 형태의 튜브 같다 하여 튜브사라는 명칭이 붙었다고 합니다. 일반적으로 광택이 돌며 맨질맨질한 질감을 가지고 있지만 익히 알고 있는 튜브사 이외에도 최근에는 다양한 함량을 가진 튜브사들이 많습니다.
코바늘 입문 단계에서 김라희가 가장 추천하는 연습하기 좋은 실 입니다.

### 린넨, 마 등
여름 소품에 사용하는 털실입니다. 린넨 원단으로 만들어진 털실과 더불어 비교적 가벼운 소재의 마를 이용하여 만들어진 것도 있습니다.

* 털실의 공정 과정과 사용된 재료의 특성에 따라 다르므로 절대적이지 않습니다. 참고만 해주세요.
* 털실 소재명이 털실 이름에 간혹 사용됩니다. 무조건 털실의 이름에 붙는 것은 아니며 함량이 아닌 공정 과정에 따라서도 종류가 나뉘게 됩니다.
  예) XX트위드, XX네프, XX슬라브
* 털실은 공정 과정과 소재 함유량에 따라 각기 다른 특징을 가지며 털실의 종류에 따라 뜨는 과정도 달라질 수 있고, 완성된 작품의 매력 또한 달라집니다. 예를 들어, 털실 몇 가닥을 어떻게 연사(여러 가닥을 꼬아 실로 만드는 것)하였느냐에 따라서도 느낌이 매우 달라지지요. 나에게 맞는 털실을 고르거나 앞으로 새로운 털실을 만나게 되실 때 뜨개렐라 김라희의 견해를 참고해주세요.
* 여기서 소개한 실 외에도 다양한 실의 장단점을 블로그 '라희네 뜨개방'에서 찾아보실 수 있습니다.

김라희가 전해 드리는
# 이 책에 사용한 털실

### 베스타 모헤어
**함량** : 키드 모헤어 15%, 울 80%, 나일론 5%
**권장 바늘 사이즈** : 줄바늘 6mm
**중량** : 50g

### 산타클로스
**함량** : 울 50%, 아크릴 40%
**권장 바늘 사이즈** : 줄바늘 5 ~ 6mm
**중량** : 80g

### 파인램스울
**함량** : 램스울 80%, 나일론 20%
**중량** : 45g

### 키라토파스텔
**함량** : 아크릴 80%, 울 18%, 폴리에스테르 2%
**권장 바늘 사이즈** : 줄바늘 5 ~ 6mm, 코바늘 0/6 ~ 0/8호
**중량** : 40g

### 헝가리울 합태
**함량** : 순모(울) 100%
**권장 바늘 사이즈** : 줄바늘 3.5 ~ 4mm
**중량** : 40g

### 빅토리아
**함량** : 캐시미어울 78%, 슈퍼키드 14%, 세미 8%
**권장 바늘 사이즈** : 줄바늘 6mm
**중량** : 50g

### 져지코튼

**함량** : 폴리코튼 100%
**권장 바늘 사이즈** : 코바늘 8 ~ 10mm
**중량** : 300g ~ 350g

### 엑셀런트 모헤어

**함량** : 모헤어 16%, 펄론 35%, PANfiber 54%
**권장 바늘 사이즈** : 대바늘 2.5 ~ 3.0mm
**중량** : 25g

### 슈퍼앙고라

**함량** : 앙고라 80%, 나일론 20%
**중량** : 100g

### 르네상스

**함량** : 30수 순면 98%, 스판덱스 2%
**권장 바늘 사이즈** : 12 ~ 15mm
**중량** : 500g

### 울시리즈7

**함량** : 울 60%, 아크릴 40%
**권장 바늘 사이즈** : 대바늘 5mm
**중량** : 80g

### 코튼울

**함량** : 코튼 60%, 폴리에스터 40%
**권장 바늘 사이즈** : 7 ~ 10mm
**중량** : 80g

\* 가격은 판매처, 쇼핑몰마다 상이합니다.

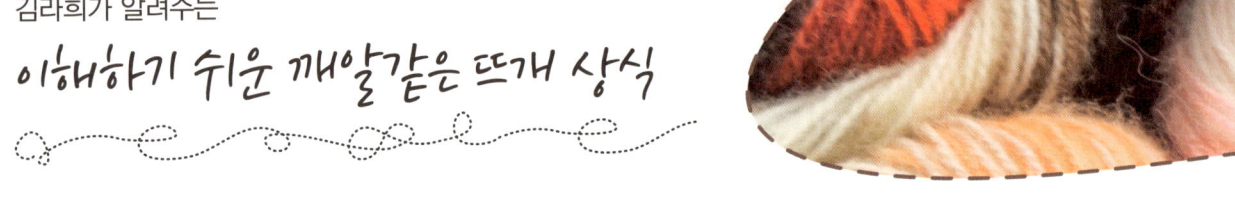

김라희가 알려주는
## 이해하기 쉬운 깨알같은 뜨개 상식

- 바늘 사이즈가 클수록 완성품의 사이즈가 커지고 편물의 사이사이의 공기층도 커집니다.

- 보통 실 두께에 맞추어 바늘 사이즈를 결정합니다.

- 실 겉을 감싸고 있는 띠지에는 코바늘, 대바늘의 권장 사이즈와 세탁법 함량 등이 표기되어 있습니다.

- LOT 번호는 털실이 제작된 날짜에 부여되는 번호라고 이해하세요. LOT 번호가 다를 경우 생산 날짜가 달라 미세한 색상의 차이가 발생하므로 완성작품에 필요한 털실은 LOT 번호를 맞추어 여유롭게 준비합니다.

- 바늘 사이즈가 작고 실이 얇을수록 완성 기간이 길어집니다. 예로 들자면 같은 그릇에 냉면과 우동을 각 1인분씩 담는다고 생각해 보세요. 우동의 가닥수에 비해 냉면의 가닥수가 월등히 많겠지요? 이와 같은 이치로 두꺼운 털실이 감겨있는 양은 같은 중량이라도 얇은 털실에 비해 적습니다. 편물을 떴을 때의 면적은 비슷합니다. 어차피 1인분이니까요.

- 꽈배기 무늬를 만들 경우 만들고자 하는 사이즈보다 크게 코를 잡아줍니다. 이유는 무늬가 들어가게 되면 그만큼 넓이와 길이가 줄어들게 되기 때문인데요, 털실 또한 많이 필요하겠지요? 조금 더 쉽게 설명하자면, 가지런히 빗질한 머리와 그 머리를 땋았을 때의 기장과 폭을 비교하면 땋은 머리의 기장과 폭이 줄어드는 것과 같은 이치입니다.

- 배색이 어렵다면 나염사 혹은 그라데이션사를 이용해 보세요. 자연스러운 컬러감과 독특한 작품을 배색 없이 완성할 수 있습니다.

- 파우치나 가방 등의 안감과 지퍼를 다는 작업은 손바느질이나 미싱 작업을 해도 됩니다. 저처럼 바느질을 하지 못하는 분들은 가까운 뜨개방이나 세탁소 수선집 혹은 동대문 종합시장에 맡기시면 됩니다.

- 세탁 방법은 보통 털실을 감싸고 있는 종이 띠지에 표기되어 있지만 일반적으로는 울세탁을 권장하고 함량에 따라서 세탁기 사용이 가능한 털실들도 있습니다.

- 보풀은 손으로 뜯으면 더욱 심해집니다. 보풀이 난 부분을 가위로 잘라 관리해 주세요.

- 대부분의 울 털실은 피부에 닿았을 때 거칠지만 그렇지 않은 것들도 더러 있어요. 울 털실을 이용하여 작품을 떴을 때는 섬유유연제를 사용해서 세탁을 해주면 한결 부드러워집니다.

- 꼭 책에 나온, 남들이 사용한 털실이 아니여도 상관 없어요. 어떤 털실을 얼만큼 사야 할까 고민된다면 여러분이 쓰고 싶은 색상의 실을 해당 그램수에 맞춰서 준비하시면 됩니다. 보통 도서에는 사용한 실의 중량이 작품마다 표기되어 있어요. 김라희는 뜨개렐라 또한 마찬가지고요.

- 보풀이 생기지 않는 털실은 없습니다. 마찰에 의해 생기는 자연스러운 현상입니다.

- 면 100%, 튜브사 등 함량과 재료에 따라서 보풀이 잘 생기지 않는 실도 있습니다.

김라희가 알려주는
# 재료 소개

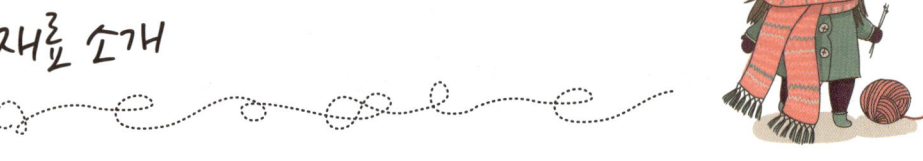

| | |
|---|---|
| **코바늘**<br>(모사용 코바늘) | 코바늘이나 대바늘로 뜨개질을 하고 마무리로 털실을 정리할 때 사용합니다.<br>숫자/0이 기재되어 있으며 숫자가 클수록 사이즈가 큰 바늘입니다. |
| **코, 단수 표시 핀** | 뜨개질을 하면서 코와 단수를 확인하거나 원하는 자리에 표시를 할 때 사용합니다.<br>옷핀 같은 모양과 동그란 모양 등 다양한 형태의 핀들이 있습니다. |
| **꽈배기 바늘** | 대바늘 뜨개질을 할 때 교차무늬를 조금 더 편하게 넣고자 할 때 사용합니다.<br>금속 재질과 플라스틱 재질이 있으며 꽈배기 바늘이 없다면 일반 대바늘을 사용해도 됩니다. |
| **가위** | 뜨개질이 끝나거나 새로운 실을 연결할 때 가위를 사용해 원하는 길이만큼 잘라 사용합니다. |
| **줄자** | 사이즈를 잴 때 사용합니다. 편물의 길이나 머리의 둘레 등 편물과 착용 부위의 사이즈를 비교하거나 여러 개의 동일한 사이즈의 작품을 만들 때 수치를 계산합니다. |
| **돗바늘** | 바늘의 귀가 커서 털실을 꿰매기 편한 바늘입니다. 끝이 날카롭지 않아 편물 사이를 예쁘게 통과할 수 있는 편물용 바늘입니다. 끝이 둥근 돗바늘과 뾰족한 돗바늘 두 가지를 구비해 놓으면 작품에 따라 유용하게 사용할 수 있습니다. |
| **핀 쿠션** | 얇은 편물에 단추나 리본을 부착시킬 때 바늘을 꽂아놓는 용도로 사용합니다. 일반 시침용 핀이나 바늘을 꽂아두고 사용합니다. |
| **니팅링** | 수세미실이나 면사와 같이 마찰이 있는 털실을 사용할 때 손가락에 실이 직접 닿지 않게 하여 아프지 않습니다. |
| **어깨 막음핀** | 의류나 목도리 등을 뜨개질할 때 코를 마무리하기 전 풀리지 않도록 임시로 코를 막아 줍니다. |

### 대바늘(줄바늘)

긴 막대 형태의 바늘과 줄이 달린 바늘이 있습니다. 막대 형태의 바늘은 편물의 느낌이 처음부터 끝까지 고르게 떠지는 장점이 있으며 막대 바늘을 더욱 선호하는 분도 계십니다. 줄바늘은 가장 보편적으로 사용하는 바늘로서 편물을 유연하게 이동시키며 뜨개질을 할 수 있습니다. mm 단위의 숫자가 클수록 두꺼운 털실을 뜨개질할 때 사용합니다.

### 게이지 자

뜨는 장력과 사용 실, 바늘에 따른 게이지를 낼 때 사용합니다. 가끔 사진과 같이 구멍이 나 있는 게이지 자도 있는데 이는 바늘 사이즈를 확인하기 위한 구멍입니다.

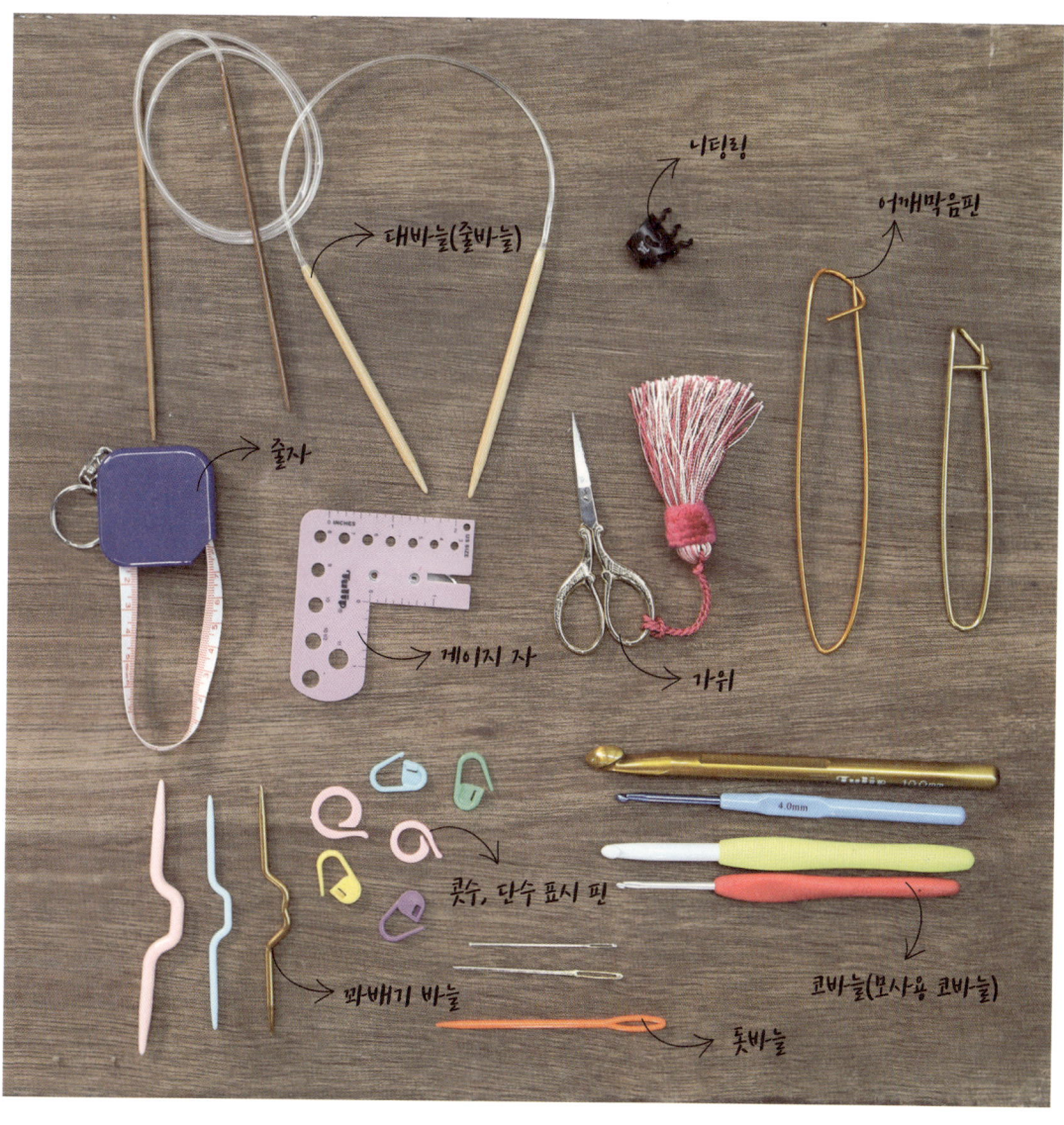

김라희가 알려주는
## 자주 쓰이는 기초 기법 - 코바늘 편

### ○ 사슬뜨기

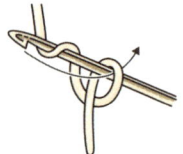
1 고리를 만든다.

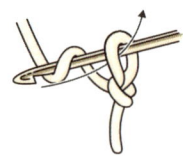
2 실을 감아 고리를 안으로 빼낸다.

사슬 3코
3 필요한 콧수만큼 실을 감아 빼낸다.
(사슬뜨기 1개 = 1코)

### + × 짧은뜨기

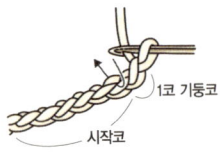
1코 기둥코
시작코
1 시작코와 기둥코 1코를 뜬다.

2 1코를 빼낸 후 다시 실을 감아 2코를 빼낸다.

3 완성 모양

### T 긴뜨기

2코 기둥코
시작코
1 시작코와 기둥코 2코를 뜬다.

2 실을 감아 빼낸 후 다시 3코를 한 번에 빼낸다.

3 완성 모양

## 1길 긴뜨기

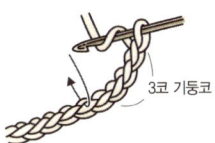 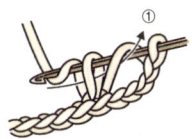  

1 시작코와 기둥코 3코를 뜬다.
2 실을 감아 빼낸 후 다시 실을 감아 2코만 빼낸다.
3 실을 감아 2코를 빼낸다.
4 완성 모양

## 2길 긴뜨기

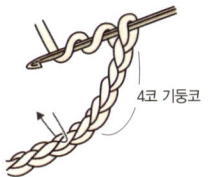   

1 시작코와 기둥코 4코를 뜬다.
2 바늘에 실을 두 번 감아 빼낸 후 2코를 빼낸다.
3 다시 실을 감아 2코만 빼낸다.
4 실을 감아 마지막 2코를 빼낸다.

5 완성 모양

## 빼뜨기

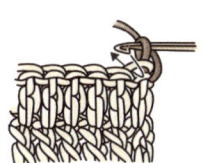 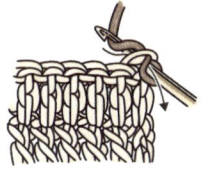 

1 화살표 방향으로 바늘을 넣는다.
2 실을 감아 한 번에 빼낸다.
3 완성 모양

##  짧은뜨기로 코 늘리기

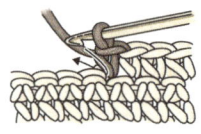 

1 한 구멍에 2코 짧은뜨기를 한다.

2 완성 모양

## 짧은뜨기로 2코 모아뜨기

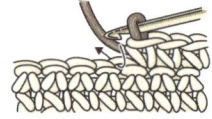 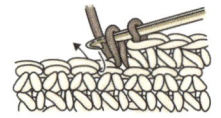 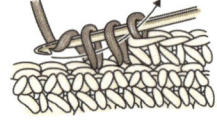 

1 화살표 방향으로 바늘을 넣는다.

2 1코를 빼내고 다시 옆 구멍에 바늘을 넣는다.

3 실을 감아 3코를 한 번에 빼낸다.

4 완성 모양

## 이랑뜨기

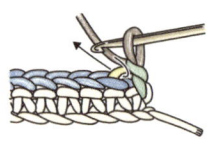 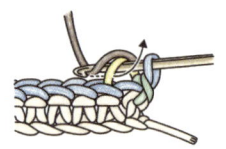 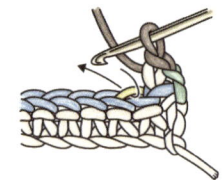

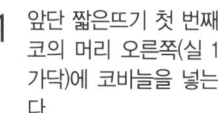

1 앞단 짧은뜨기 첫 번째 코의 머리 오른쪽(실 1가닥)에 코바늘을 넣는다.

2 실을 빼내 짧은뜨기를 뜬다.

3 완성 모양

## 한길긴뜨기 2코 늘리기

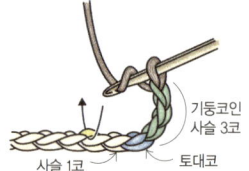  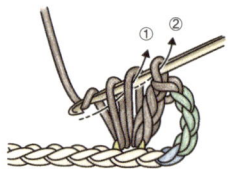 

1 코바늘에 실을 걸고 사슬코 산에 코바늘을 넣는다.

2 한길긴뜨기 1코를 뜬다. 코바늘에 실을 걸고 같은 코에 코바늘을 넣는다.

3 2코째 한길긴뜨기를 뜬다.

4 완성 모양

##  한길긴뜨기 3코 늘리기

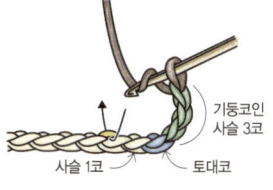
1 코바늘에 실을 걸고 사슬코 산에 코바늘을 넣는다.

2 한길긴뜨기 1코를 뜨고 코바늘에 실을 걸고

3 다음 코도 같은 코에 한길긴뜨기를 뜬다. 코바늘에 실을 걸고 같은 코에 코바늘을 넣는다.

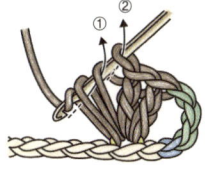
4 3코째 한길긴뜨기를 뜬다.

5 완성 모양

## 한길 긴 4코 늘려뜨기 = 조개뜨기

\* 한코에서 주워 사이에 사슬 1코 뜨기

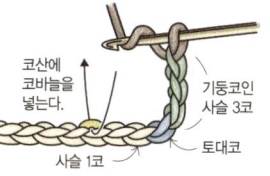
1 코바늘에 실을 걸고 사슬코 산에 코바늘을 넣는다.

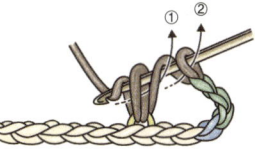
2 실을 빼내 한길긴뜨기 1코를 뜬다.

3 같은 코에 한길긴뜨기 1코 더 떠넣는다.

4 사슬 1코를 뜬다. 코바늘에 실을 걸고 같은 코에 코바늘을 넣는다.

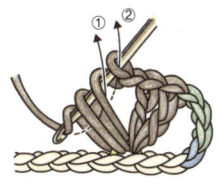
5 실을 빼내 한길긴뜨기 1코를 뜬다.

6 다시 한 번 같은 코에 한길긴뜨기 1코를 뜬다.

7 완성 모양

## 한길 긴 5코 늘려뜨기 = 솔잎뜨기

### * 한 코에서 뜨기 1단

1 코바늘에 실을 걸고 사슬코 산에 코바늘을 넣는다.

2 코바늘에 실을 걸고 빼낸다.

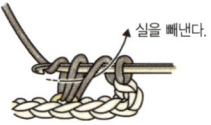

3 코바늘에 실을 걸고 바늘 끝에 걸린 2개의 고리 안으로 실을 빼낸다.

4 코바늘에 실을 걸고 코바늘에 걸린 2개의 고리 안으로 실을 빼낸다.

5 같은 코에 한길긴뜨기를 4코 더 뜬다.

6 한 코에 한길긴뜨기 5코 완성

### * 2단

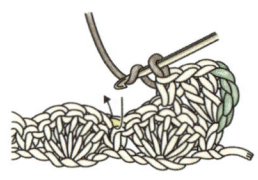

7 다음 단은 코바늘에 실을 걸고 앞단 짧은뜨기의 머리(실 2가닥)에 코바늘을 넣는다.

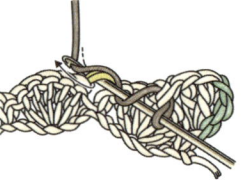

8 코바늘에 실을 걸고 빼낸다.

9 한길긴뜨기를 뜬다. 같은 코에 한길긴뜨기를 4코에 떠 넣는다.

10 완성 모양

##  한길 긴 3코 늘려뜨기 = 솔잎뜨기 응용

*짧은뜨기와 같은 코에서 뜨기

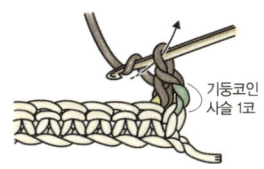 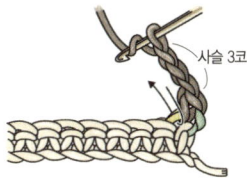 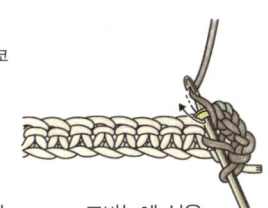

1 짧은뜨기 1코를 뜨고 코바늘에 실을 걸어

2 사슬뜨기 3코를 뜬다. 코바늘에 실을 걸고 짧은뜨기와 같은 코에 코바늘을 넣는다.

3 코바늘에 실을 걸고 빼내어

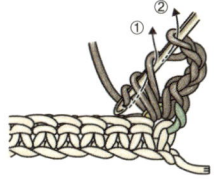 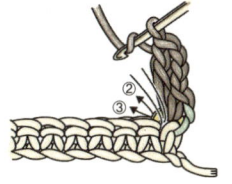 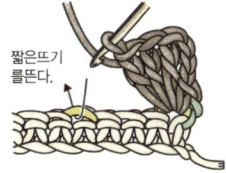 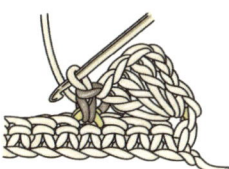

4 한길긴뜨기 1코를 뜬다.

5 코바늘에 실을 걸고 같은 코에 코바늘을 넣어 한길긴뜨기를 2코 더 뜬다.

6 3코를 건너 뛰고 앞단의 4번째 코에 짧은뜨기를 뜬다.

7 완성 모양

## 한길 긴 3코 모아뜨기

1 사슬코 산에 코바늘을 넣어 미완성 한길긴뜨기 1코를 뜬다. 코바늘에 실을 걸고

2 다음 사슬코 산에도 미완성 한길긴뜨기를 뜬다.

3 3코째도 미완성 한길긴뜨기를 뜬다. 코바늘에 실을 걸고 4개의 고리 안으로 한 번에 빼낸다.

4 완성 모양

*코 아래에서 줍기

 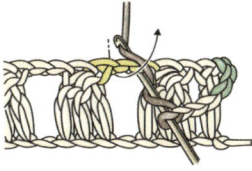 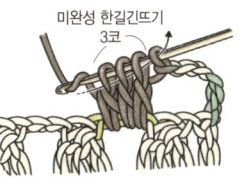 

1 코바늘에 실을 걸고 앞단의 사슬코 아래쪽 공간에 코바늘을 넣는다. (코 아래에서 줍는다.)

2 코바늘에 실을 걸고 빼내 미완성 한길긴뜨기를 뜬다.

3 미완성 한길긴뜨기를 2코 더 뜬다. 코바늘에 실을 걸고 코바늘에 걸린 4개의 고리 안으로 한 번에 빼낸다.

4 완성 모양

##  3코 구슬뜨기

*한코에서 뜨기*

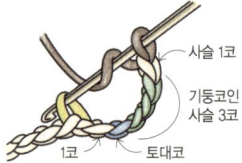
1 코바늘에 실을 걸고 사슬코 산에 코바늘을 넣어

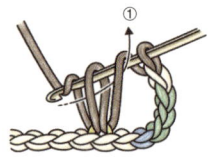
2 미완성 한길긴뜨기를 한다.

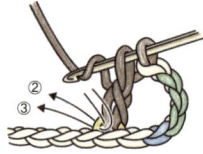
3 코바늘에 실을 걸고 같은 코에 미완성 한길긴뜨기를 2코 더 뜬다.

4 코바늘에 실을 걸고 코바늘에 걸린 4개의 고리 안으로 한 번에 빼낸다.

5 한길 긴 3코 구슬뜨기 완성

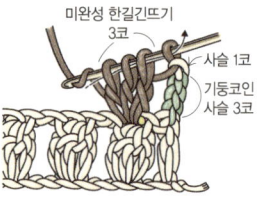
6 2단은 머리(실 2가닥)를 주워 미완성 한길긴뜨기를 3코 뜬다. 코바늘에 걸린 4개의 고리 안으로 한 번에 빼낸다.

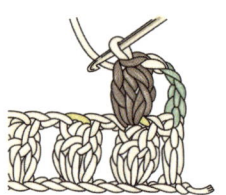
7 완성 모양

## 한길 긴 5코 구슬뜨기

*한코에서 뜨기*

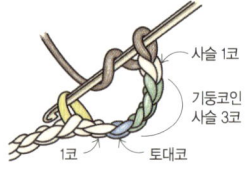
1 코바늘에 실을 걸고 사슬코 산에 코바늘을 넣어

2 미완성 한길긴뜨기를 뜬다.

3 다시 한 번 같은 코에 미완성 한길긴뜨기를 4코 뜬다.

4 코바늘에 실을 걸고 코바늘에 걸린 6개의 고리 안으로 한 번에 빼낸다.

5 한길 긴 5코 구슬뜨기 완성

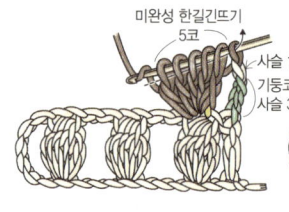
6 2단은 머리(실 2가닥)를 주워 미완성 한길긴뜨기를 5코 뜬다. 코바늘에 걸린 6개의 고리 안으로 한 번에 빼낸다.

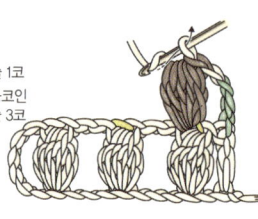
7 완성 모양

## 한길 긴 5코 팝콘뜨기

* **한 코에서 뜨기**
  **1단**

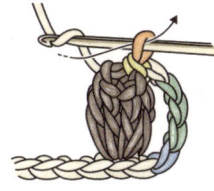

1  사슬코 산에 한길긴뜨기 5코를 뜬 뒤 일단 코바늘을 빼고 첫 번째 코에 코바늘을 앞에 넣는다. 코바늘을 뺀 코에도 코바늘을 넣고

2  첫 번째 코에 통과시켜 빼낸다.

3  사슬코를 떠서 조인다.

* **2단 (팝콘 무늬를 뒤에 나오게 한다)**

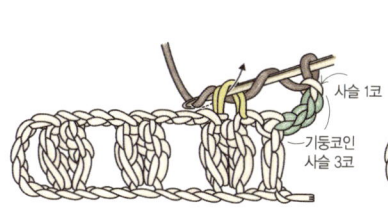
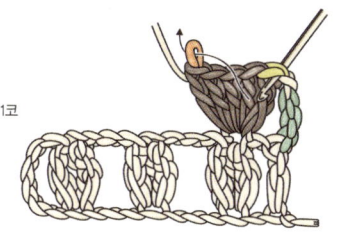

1  앞단의 머리에 한길긴뜨기를 5코 뜬다.

2  일단 코바늘을 빼고 첫 번째 코에 코바늘을 뒤에서 넣는다. 코바늘을 뺀 코에도 코바늘을 넣고

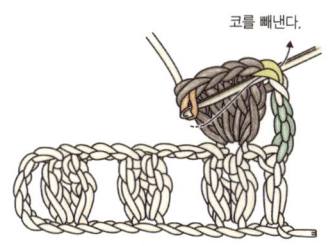
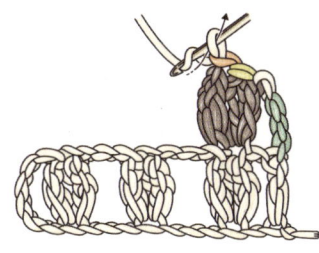

3  첫 번째 코에 통과시켜 빼낸다.

4  사슬코를 떠서 조인다. (뜨개코는 뒤로 볼록하게 나온다.) 코를 조인 모습

## 피코뜨기

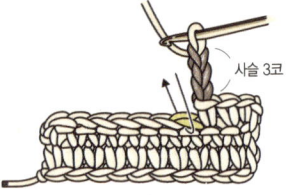 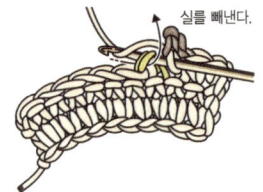 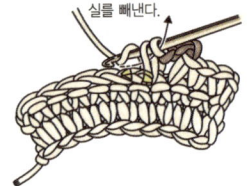

1 사슬뜨기 3코를 뜨고 화살표와 같이 짧은뜨기 머리(실 2가닥)에 코바늘을 넣는다.

2 코바늘에 실을 걸고 빼낸다.

3 코바늘에 실을 걸고 코바늘에 걸린 2개의 고리 안으로 빼낸다.

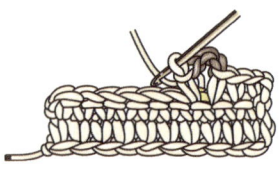

4 완성 모양

## 빼뜨기의 피코뜨기

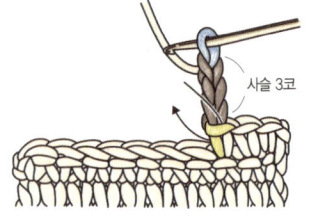 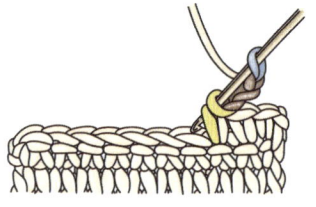 

1 사슬뜨기 3코를 뜨고 화살표와 같이 짧은뜨기 머리 앞쪽의 실 1가닥과 다리의 실 1가닥에 코바늘을 넣는다.

2 코바늘을 넣은 모습

3 코바늘에 실을 걸고 짧은뜨기의 다리, 머리 코바늘에 걸린 코 안으로 한 번에 빼낸다.

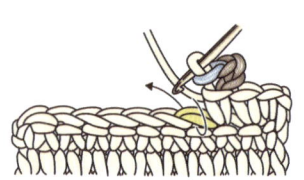 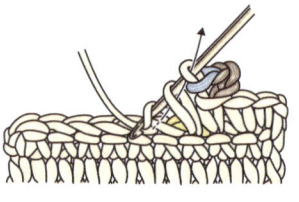 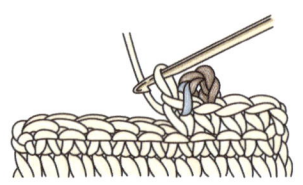

4 빼뜨기의 피코뜨기 완성. 다음 짧은뜨기의 머리(실 2가닥)에 코바늘을 넣는다.

5 코바늘에 실을 걸고 빼낸다. 다시 코바늘에 걸린 2개의 고리 안으로 빼낸다.

6 다음 짧은뜨기를 뜨면 코가 안정된다.

## 한길 긴 앞걸어뜨기

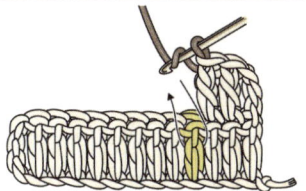

1 코바늘에 실을 걸고 앞단코의 다리에 화살표와 같이 앞에서 코바늘을 넣는다.

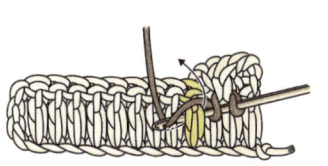

2 코바늘에 실을 걸고 길게 빼낸다.

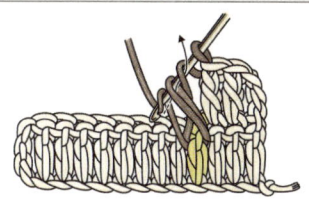

3 코바늘에 실을 걸고 바늘 끝에 걸린 2개의 고리 안으로 실을 빼낸다.

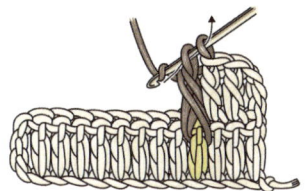

4 코바늘에 실을 걸고 코바늘에 걸린 2개의 고리 안으로 빼낸다.

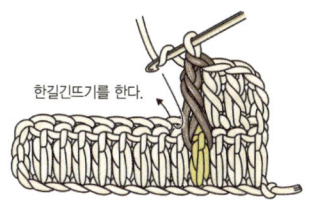

한길긴뜨기를 한다.

5 다음 한길긴뜨기는 앞단을 1코 건너뛰어 뜬다.

## 한길 긴 뒤걸어뜨기

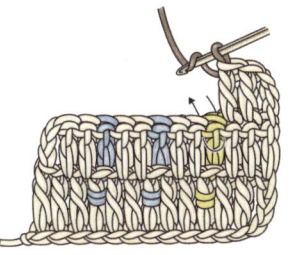

1 코바늘에 실을 걸고 앞단 코의 다리에 화살표와 같이 뒤에서 코바늘을 넣는다.

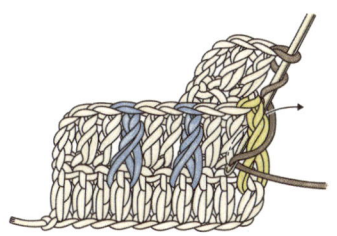

2 코바늘에 실을 걸고 길게 빼낸다.

3 코바늘에 실을 걸고 바늘 끝에 걸린 2개의 고리 안으로 실을 빼낸다.

4 코바늘에 실을 걸고 2개의 고리 안으로 빼낸다.

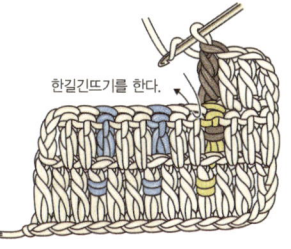

한길긴뜨기를 한다.

5 다음 한길긴뜨기는 앞단을 1코 건너뛰어 뜬다.

김라희가 알려주는

## 자주 쓰이는 기초 기법 - 대바늘 편

---

### | 겉뜨기

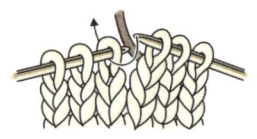   

1 다음 코 앞에서 뒤로 바늘을 넣는다.　　2 실을 건다.　　3 뒤에 있던 바늘을 앞으로 가져오며 실을 빼낸다.　　4 완성 모양

---

### — 안뜨기

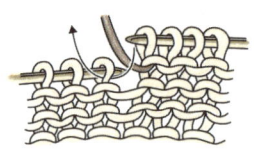  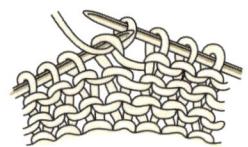 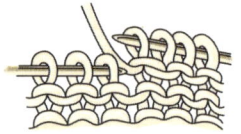

1 다음 코 뒤에서 앞으로 바늘을 넣는다.　　2 실을 건다.　　3 바늘을 앞에서 뒤로 밀며 빼낸다.　　4 완성 모양

---

### ㅅ 왼코 겹쳐 2코 모아뜨기

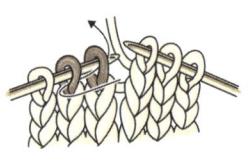 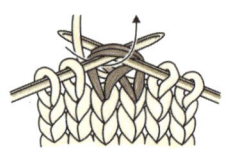 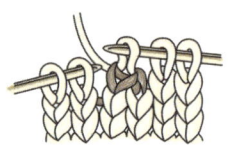

1 화살표 방향으로 2코를 한 번에 순서대로 넣어 준다.　　2 실을 걸쳐 겉뜨기한다.　　3 완성 모양

## ㅅ 오른코 겹쳐 2코 모아뜨기

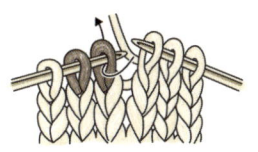
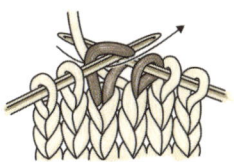
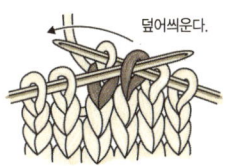
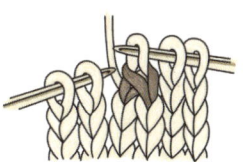

1 다음 코 뜨기 전 오른쪽 바늘에 실을 뜨지 않고 넘겨준다. 그 후, 코에 바늘을 넣는다.

2 다음 코를 겉뜨기 한다.

3 뜨지 않고 넘어간 코를 덮어 씌워준다.

4 완성 모양

## ㅅO 걸기코와 왼코 겹쳐 2코 모아뜨기

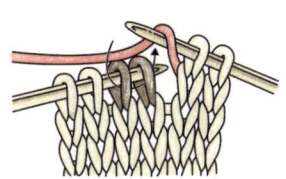
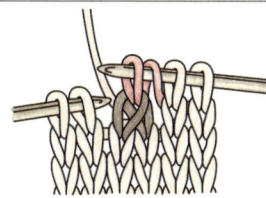

1 걸기코를 뜬다.

2 다음 2코를 왼코 겹쳐 2코 모아뜨기 한다. 작은 구멍이 생기는 모양(무늬)이 된다.

## 오른코 늘리기

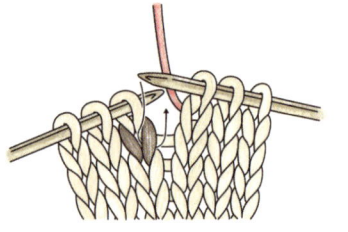

1 늘릴 코의 아랫단에 화살표와 같이 오른쪽 바늘을 넣고

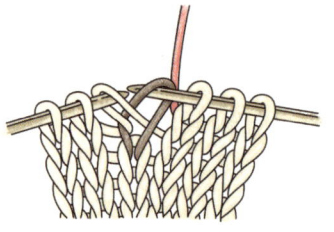

2 코를 끌어올린다.

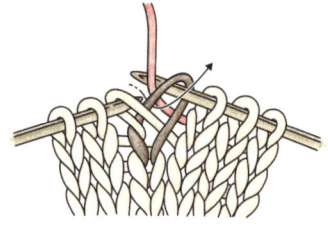

3 오른쪽 바늘에 실을 걸고 빼낸다.

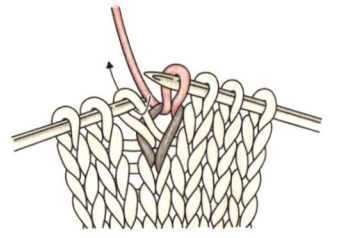

4 왼쪽 바늘에 걸린 코에 화살표와 같이 오른쪽 바늘을 넣고

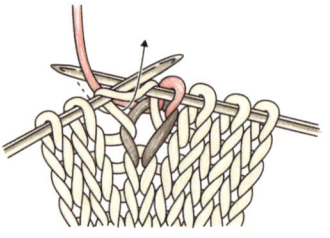

5 겉뜨기를 한다.

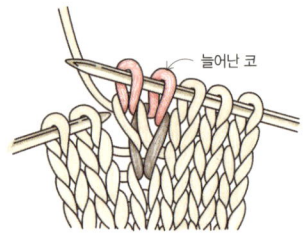

6 완성 모양

## 왼코 늘리기

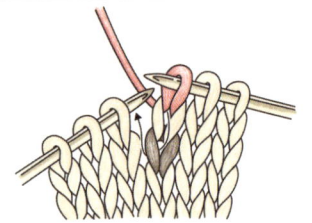

1 겉뜨기를 1코 뜬 다음 2단 아래의 화살표와 같이 오른쪽 바늘을 넣고

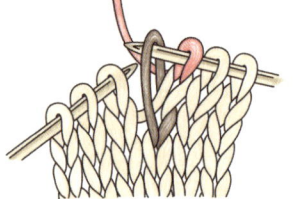

2 끌어올린다.

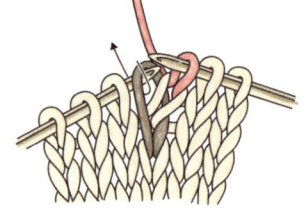

3 코의 방향 그대로 왼쪽 바늘에 옮기고 화살표와 같이 오른쪽 바늘을 넣는다.

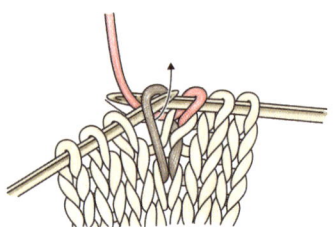

4 오른쪽 바늘에 실을 걸고 빼낸다.

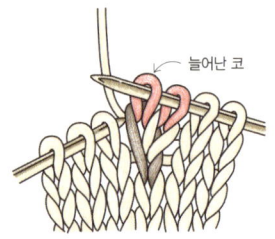

5 완성 모양

##  오른코 교차뜨기

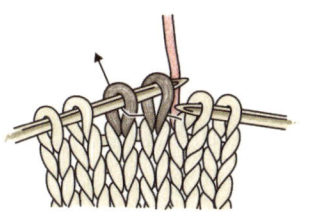 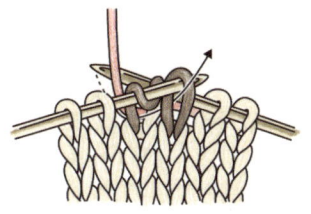 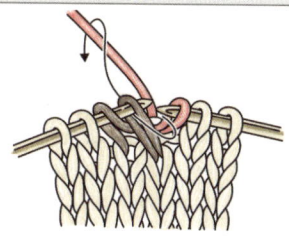

1 화살표와 같이 오른쪽 바늘을 오른쪽 코의 뒤에서 왼쪽 코에 넣는다.
2 오른쪽 바늘에 실을 걸고 화살표와 같이 빼내어 겉뜨기 한다.
3 왼쪽 코는 그대로 두고 오른쪽 코에 화살표와 같이 오른쪽 바늘을 넣는다.

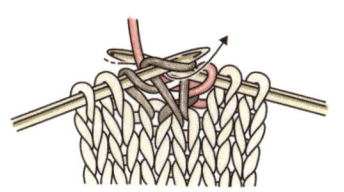 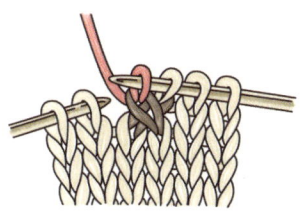

4 오른쪽 바늘에 실을 걸고 화살표와 같이 빼내어 겉뜨기 한다.
5 완성 모양

## 왼코 교차뜨기

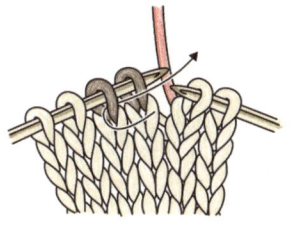 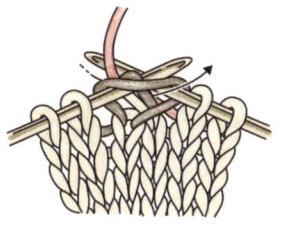 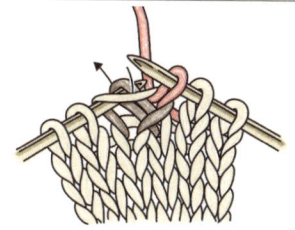

1 화살표와 같이 오른쪽 바늘을 오른쪽 코의 앞에서 왼쪽 코에 넣는다.
2 오른쪽 바늘에 실을 걸고 화살표와 같이 빼내어 겉뜨기 한다.
3 뜬 코는 그대로 두고 오른쪽 코에 화살표와 같이 오른쪽 바늘을 넣는다.

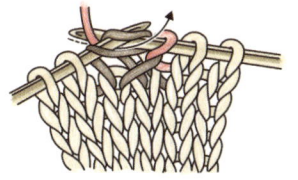 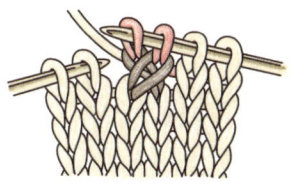

4 오른쪽 바늘에 실을 걸고 화살표와 같이 빼내어 겉뜨기 한다.
5 완성 모양

## 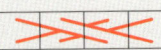 오른코 위 2코 교차뜨기

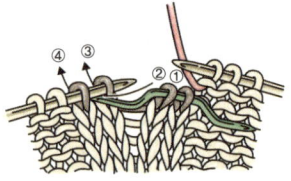

1 오른쪽 2코에 보조바늘을 넣어서 코를 옮긴다.

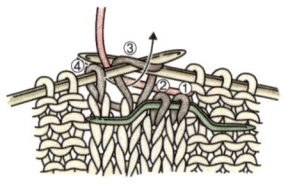

2 옮긴 2코를 앞에 놓는다. 3의 코에 오른쪽 바늘을 넣고 겉뜨기 한다.

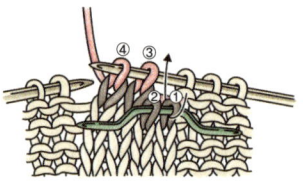

3 4의 코도 겉뜨기 한다. 1의 코에 화살표와 같이 오른쪽 바늘을 넣는다.

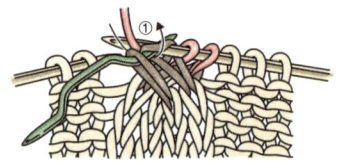

4 겉뜨기 한다.

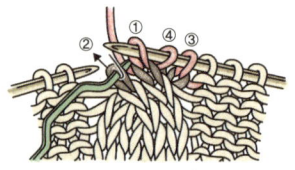

5 2의 코에도 오른쪽 바늘을 넣고 겉뜨기 한다.

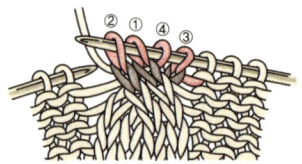

6 완성 모양

## 왼코 위 2코 교차뜨기

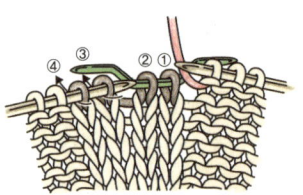

1 오른코 2코에 보조바늘을 넣어서 코를 옮기고 뒤에 놓는다.

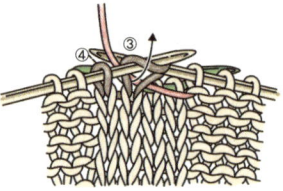

2 겉뜨기를 한다.

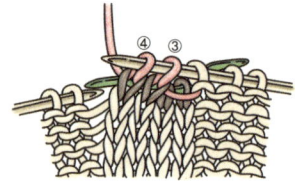

3 4의 코도 겉뜨기 한다.

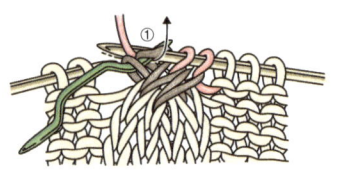

4 1의 코에 화살표와 같이 오른쪽 바늘을 넣고

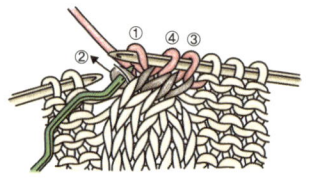

5 겉뜨기 한다. 2의 코도 겉뜨기 한다.

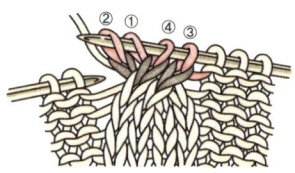

6 완성 모양

##  오른코 위 3코 교차뜨기

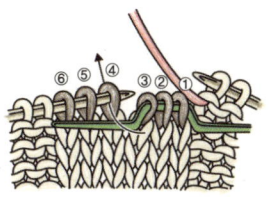

1 오른쪽 3코에 보조바늘을 넣어서 코를 옮기고 뒤에 놓는다. 4의 코에 오른쪽 바늘을 넣고

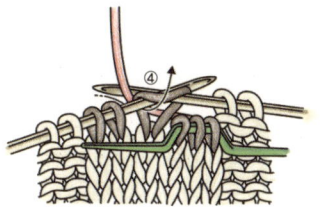

2 겉뜨기를 한다.

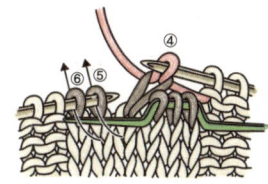

3 5, 6의 코도 겉뜨기 한다.

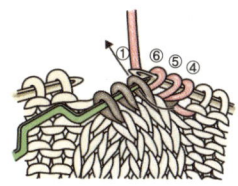

4 1의 코에 화살표와 같이 오른쪽 바늘을 넣는다.

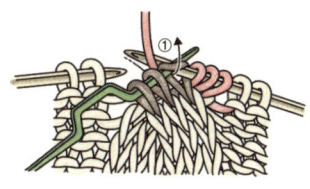

5 겉뜨기 한다.

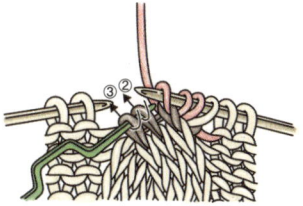

6 2, 3의 코도 겉뜨기 한다.

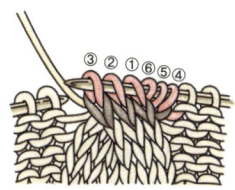

7 완성 모양

 **왼코 위 3코 교차뜨기**

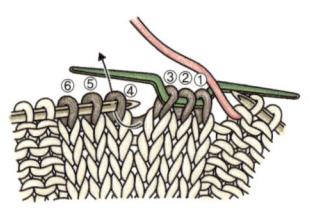

1 오른쪽 3코에 보조바늘을 넣어서 코를 옮기고 뒤에 놓는다. 4의 코에 오른쪽 바늘을 넣고

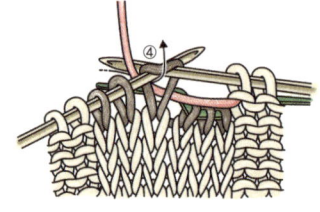

2 겉뜨기를 한다.

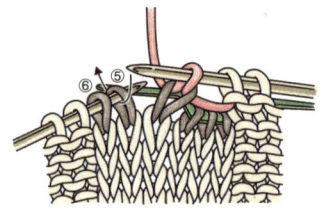

3 5, 6의 코도 겉뜨기 한다.

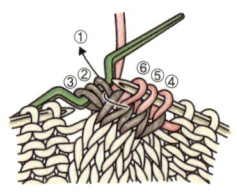

4 1의 코에 화살표와 같이 오른쪽 바늘을 넣고

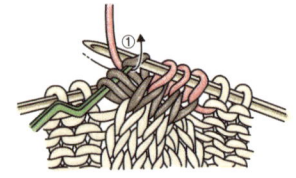

5 겉뜨기 한다.

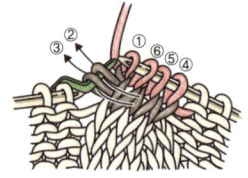

6 2, 3의 코도 겉뜨기 한다.

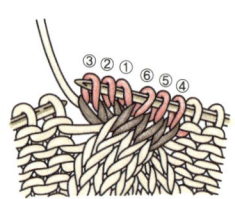

7 완성 모양

## 오른코 위 4코 교차뜨기

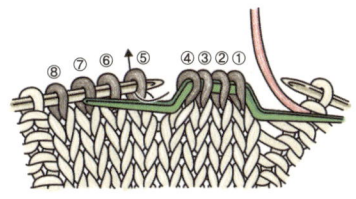
1 오른쪽 4코에 보조바늘을 넣어서 코를 옮기고 앞에 놓는다. 5번째 코에 오른쪽 바늘을 넣고

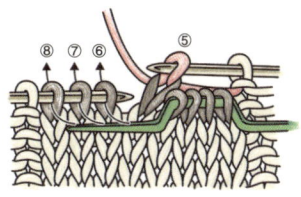
2 겉뜨기 한다. 6, 7, 8번째 코도 겉 뜨기 한다.

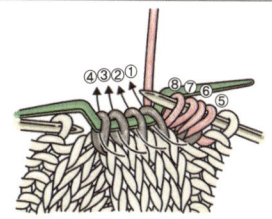
3 보조바늘에 걸려 있는 1, 2, 3, 4번째 코도 겉뜨기 한다.

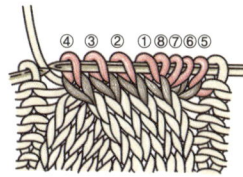
4 완성 모양

## 왼코 위 4코 교차뜨기

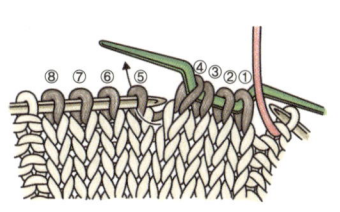
1 오른쪽 4코에 보조바늘을 넣어서 코를 옮기고 뒤에 놓는다. 5번째 코에 오른쪽 바늘을 넣고

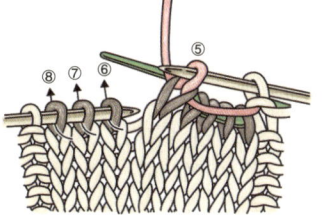
2 겉뜨기 한다. 6, 7, 8번째 코도 겉 뜨기 한다.

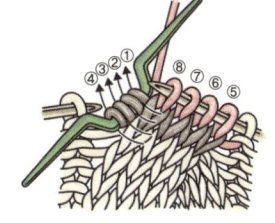
3 보조바늘에 걸려 있는 1, 2, 3, 4번째 코도 겉뜨기 한다.

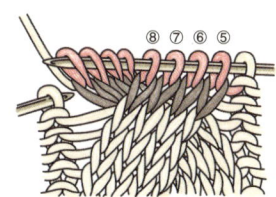
4 완성 모양

## 걸러뜨기

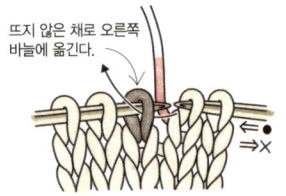

1 뜨지 않은 채로 오른쪽 바늘에 옮긴다.

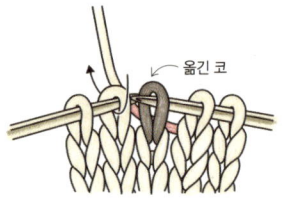

2 다음 코에 오른쪽 바늘을 화살표와 같이 넣고

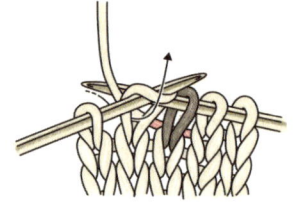

3 겉뜨기를 한다.

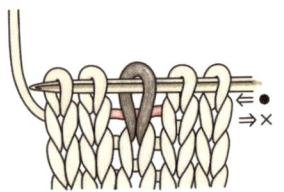

4 걸러뜨기 완성

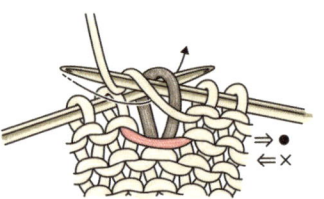

5 다음 단은 이 코에서 뒤에서 앞으로 오른쪽 바늘을 넣어

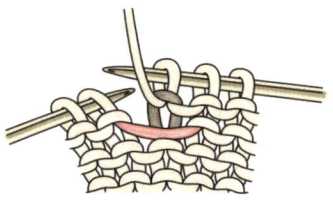

6 안뜨기를 한다.

##  코막음

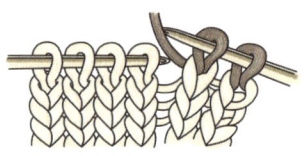

1 2코를 순서대로 겉뜨기 한다.

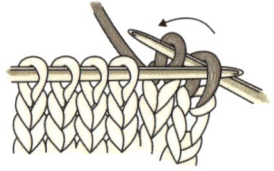

2 오른쪽 코에 왼쪽 바늘을 넣어 2번째 코를 덮어씌운다.

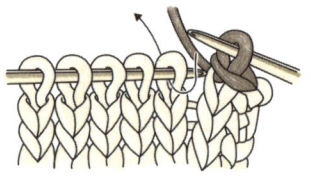

3 왼쪽 바늘의 코를 겉뜨기하고 오른쪽 코를 덮어씌우기를 반복한다.

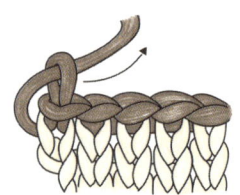

4 마지막 만들어진 코 안으로 실자락을 빼낸다.

# 1

AN EASY TO FOLLOW
STEP-BY-STEP GUIDE

쉽고 재미있는 뜨개질의 세계에 저와 함께 빠져들 준비 되셨나요?
그럼, 지금부터 본격적으로 시작합니다!

# 01

## 심플 사각 토트백

뜨개를 하는 사람이라면 누구나 한번쯤 들고 다닐 법한 손뜨개 가방
특유의 바느질 무늬 때문에 내추럴하다 생각하시지만 정장이나 캐주얼
어디에나 잘 어울리는 단정한 느낌의 가방을 만들어 보고 싶었어요.
클래식한 디자인의 사각형 토드백 함께 만들어 볼까요?

NO. **01** 심플 사각 토드백

# HOW TO MAKE

 **실** : 브릿지 (600g)

 **바늘** : 8/0 코바늘

 **완성 사이즈** : 바닥 33cm, 높이 17cm

심플 사각 토드백

1. 사슬뜨기를 30개 만들어 짧은뜨기를 해준다.
2. 80단의 짧은뜨기를 만들어 준다.
3. 편물을 접어 원하는 사이즈의 가방 앞판 사이즈를 맞춘 후 측면에 표시한다.
4. 3번에서 접어놨던 단수에 맞춰 반대편에서 숫자를 세어 단수를 맞춰 측면에 표시한다.
5. 표시한 곳 두 군데를 왕복하며 짧은뜨기를 떠 가방의 옆판을 만들어준다.
6. 돗바늘로 가방의 측면을 다 연결하여 손잡이를 달아준다.

   * 손잡이는 브릿지를 두겹으로 잡아 원하는 길이로 새우뜨기한다.
7. 빼뜨기로 가방의 입구 부분을 둘러 탄탄하게 마무리한다.

# DESIGN

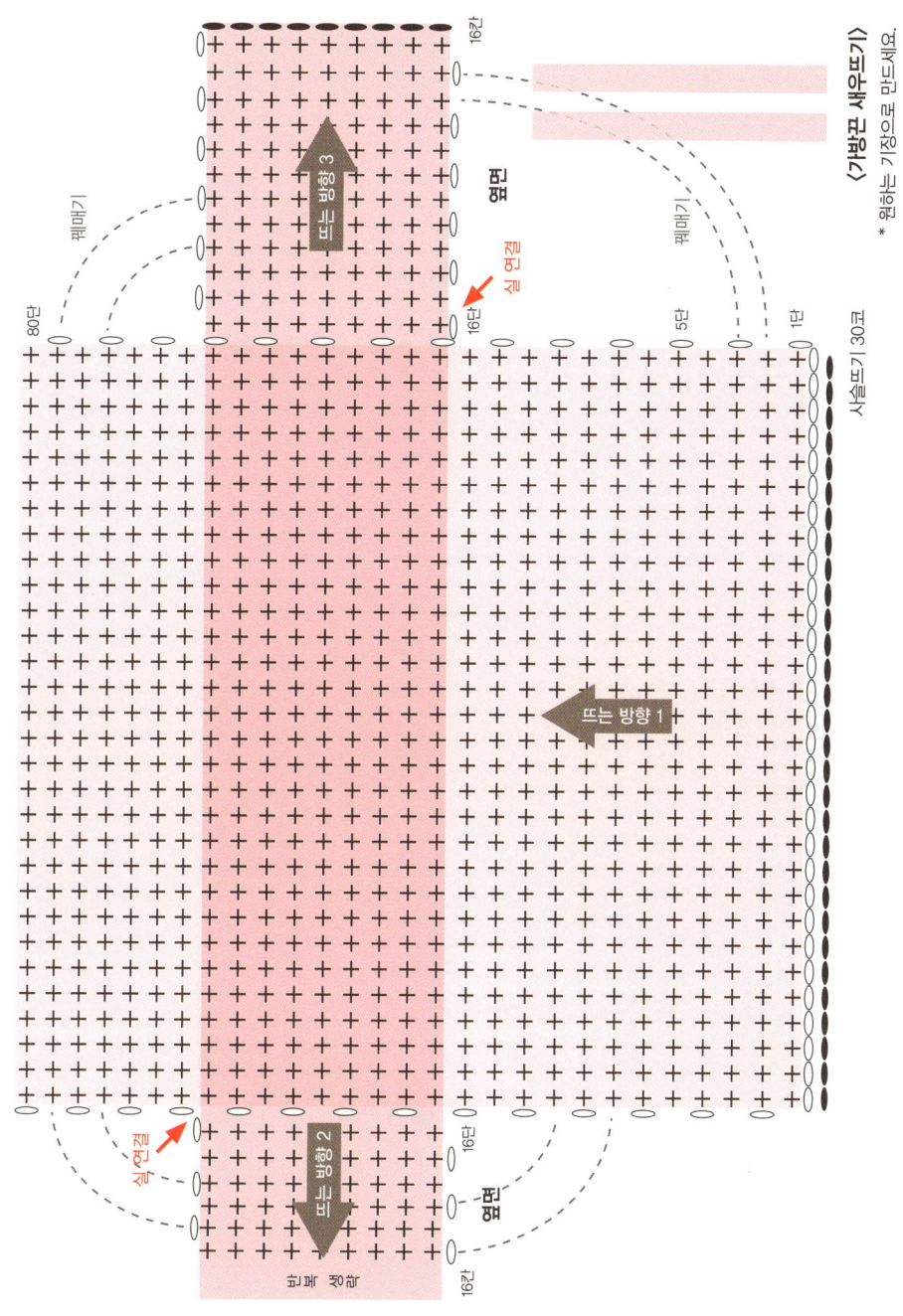

## Question & Answer

**Q :** 왜 단수를 세지 않고 접어서 확인하나요?
**A :** 단수를 세셔도 되지만 본인의 원하는 사이즈를 한눈에 보기 위하여 접은 후 원하는 사이즈를 만들어 그 사이즈에 맞추기 위함입니다. 한쪽을 접어 표시한 이후에는 표시된 부분까지의 단수를 세서 오차가 없도록 반대쪽도 해 주게 되는데요, 이때 나머지 공간이 바닥이 됩니다. 하지만 이런 방법이 불편하신 분들은 단수를 직접 세어가며 하셔도 무방합니다.

**Q :** 가방 사이즈 조절은 어떻게 하나요?
**A :** 맨 처음 잡는 사슬뜨기의 개수가 가방의 폭이 됩니다. 조금 더 작게 하고 싶으시면 적게, 크게 하고 싶으시면 많이 잡아 주시면 됩니다. 반대로 짧은뜨기로 떠서 올라 가는 전체 면적은 가방의 앞, 뒤, 바닥 세 군데 면적이 됩니다. 바닥이 넓게 혹은 앞판이 좁게 등등 여러분들이 원하는 사이즈를 유동적으로 확인하며 취향에 맞게 만드시면 됩니다.

**Q :** 다른 실로 뜨면 안 되나요?
**A :** 책의 초반에 말씀 드렸듯이 책에 나온 실과 무조건 동일한 실을 사용하지 않으셔도 됩니다. 단 실마다 가진 고유의 느낌이나 질감의 차이이며 원하는 질감이나 또는 취향에 맞는 실을 유동적으로 바꾸어 가면서 만드시면 됩니다. 여기서 사용한 실의 경우 통통한 느낌의 털실이라 고유의 느낌이 있습니다.

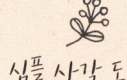

심플 사각 토트백

# 02

## 포근포근 더비 햇

저는 화려하고 튀는 디자인을 좋아합니다.
그렇지만 가끔은 심플한 소품을 가지고 싶을 때가 있어요.
손뜨개 만큼은 화려한 디자인보다는 심플하고 무난한 것들이
더 예뻐 보일 수 있거든요.
심플한 모자 하지만 화려함을 포기하지 못한 저는 원색 계열의 빠알간
더비햇을 만들어 보았습니다.

# NO. 02 포근포근 더비 햇

## HOW TO MAKE

- 🧶 **실** : 울시리즈7 (약 130g), 엑셀런트모헤어 (약 30g)
- 🪡 **바늘** : 8/0 코바늘
- 📏 **완성 사이즈** : 모자 중간 부분 가로 26cm, 높이 21cm

포근포근 더비 햇

1. 착용할 사람의 두상 사이즈에 맞춰 빼뜨기 없는 원형뜨기(나선형뜨기)를 한다.
   (성인 여자 사이즈 : 지름 약 16~18cm)
2. 평단을 떠준다. 이때 착용할 사람의 머리에 써 보면서 귀 윗부분을 살짝 덮을 정도의 기장으로 떠준다.
3. 3코를 뜨고 4번째 코에 두 코를 넣어 한 단 뜬 후에 평단을 한 단 뜬다.
4. 4코를 뜨고 5번째 코에 두 코를 넣어 한 단을 뜬 후에 평단을 한 단 뜬다.
5. 5코를 뜨고 6번째 코에 두 코를 넣어 한 단을 뜬 후에 평단을 "두 단" 뜬다.
6. 빼뜨기로 한 단을 떠주고 마무리한다.

**〈연령대에 따른 원형뜨기 지름 사이즈〉**

신생아~ : 약 13cm / 아동 : 약 15cm / 성인 : 약 16~18cm
* 나이와 개월수(신생아의 경우) 혹은 두상 모양과 머리숱에 따라 유동적으로 맞춰서 떠보세요.

**TIPs!**

저의 개인적인 취향은 넉넉한 사이즈의 모자를 만드는 것입니다.
머리가 많이 눌리지 않는 모자를 선호하기 때문에 지름 약 18cm 정도로 제작하였습니다.
여러분들도 두상이나 머리숱에 따라 맞춤으로 만들어 보세요.

# DESIGN

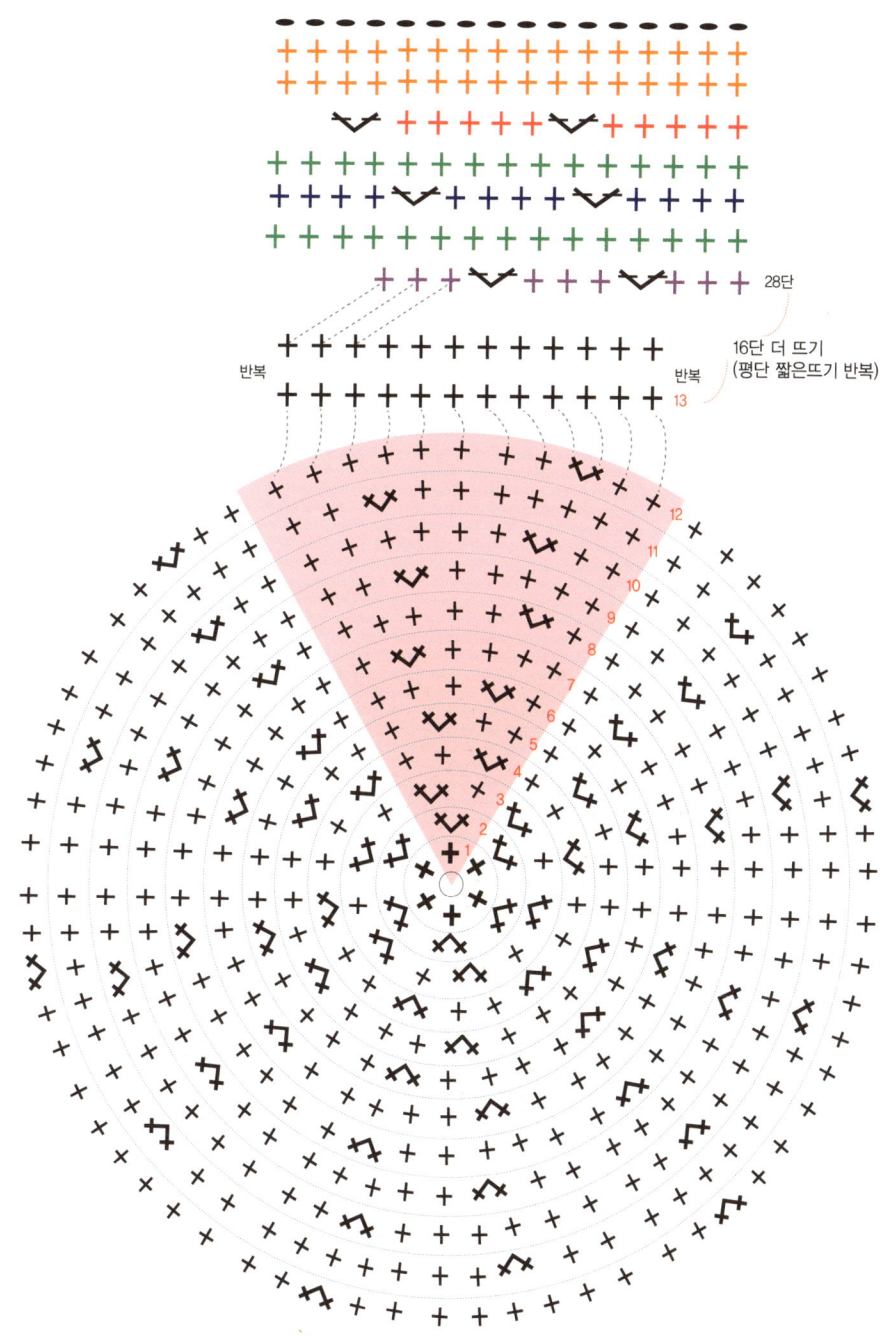

Q : 빼뜨기 하지 않는 원형뜨기가 너무 어려워요.
A : 많이 어려우시면 도안상에서 시작 부분을 임의로 정해서 표시한 후에 해당하는 코에 표시(링, 다른 색상의 실)를 하고 도안을 보며 뜨거나 동영상을 보시면 쉽게 이해하실 수 있습니다.(QR코드 참고)

Q : 빼뜨기 없는 원형뜨기(나선형 뜨기) 도안을 쉽게 볼 수 있는 방법은 없나요?
A : 앞 페이지 도안의 색칠이 된 부분이 1무늬입니다. 해당 무늬의 반복이라 생각하시고 색칠된 부분만 보고 뜨시면 조금 더 쉬워요.

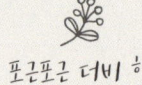

포근포근 더비 햇

# 03

## 빅 리본 모자

'배색'이 어렵다는 분들이 많이 계시더라고요.
하나의 팁을 드리자면 모자나 목도리 그 무엇을 만들건 어느 색상에나
잘 어울리는건 가장 때가 안 타는 색상인 회색입니다.
회색은 굉장히 클래식한 색상이기도 하지만 배색을 어떻게 하느냐에 따라
매우 다른 분위기가 연출되지요. 평범한 회색에 평범하지 않은
디자인을 더한 빅 리본 모자를 소개합니다.

## HOW TO MAKE

### 빅 리본 모자 (성인 사이즈)

 **실** : 엘리트 회색 (약 60g), 핑크 (약 40g)

 **바늘** : 대바늘 4.5mm, 대바늘 5mm

 **완성 사이즈** : 가로 21cm, 세로 25cm(리본 높이 포함)

\* 모자는 하단의 고무단 부분을 접은 후 측정한 사이즈입니다.

빅 리본 모자
(성인 사이즈)

1. 엘리트 회색실과 4.5mm 대바늘을 이용하여 72코를 잡아 두코고무뜨기로 원형뜨기를 해준다.
2. 원하는 고무단 높이만큼 뜨고 난 후 5mm 대바늘로 바꿔준 후 메리야스뜨기를 해준다
   \* 이때 원형뜨기이기 때문에 겉뜨기만 해도 메리야스뜨기가 된다.
3. 핑크 색상의 실을 연결하여 원하는 높이만큼 배색을 해준다. 이때 높이는 리본의 넓이와 비슷하게 해주는 것이 좋다. 생각했던 것보다 배색의 비율을 다소 높게 잡아준다.
4. 모자의 윗 부분을 코줄임으로 만들어 완성한다.
5. 핑크 색상의 실로 16코를 잡아 메리야스뜨기를 해준다.
6. 반으로 접어 리본의 사이즈를 결정하고 편물을 예쁘게 다림질해서 평평하게 펴준다.
7. 5코를 잡아 메리야스를 리본 가운데 묶을 부분만큼 떠준다.
8. 리본 모양을 잡아 매듭을 지은 후 7번에서 만든 조각으로 리본을 완성한다.
   \* 메리야스뜨기는 편물이 둘둘 말리는 특성이 있다.
9. 원하는 위치에 달아 완성해 준다.

### TIPs!

모자를 뜰 때는 착용자의 착용 스타일, 각도, 두상에 따라 사이즈와 높이가 조금씩 달라요.
내 착용 스타일에 맞는 예쁜 모자를 중간중간 착용해 가면서 만들어 보세요.

# DESIGN

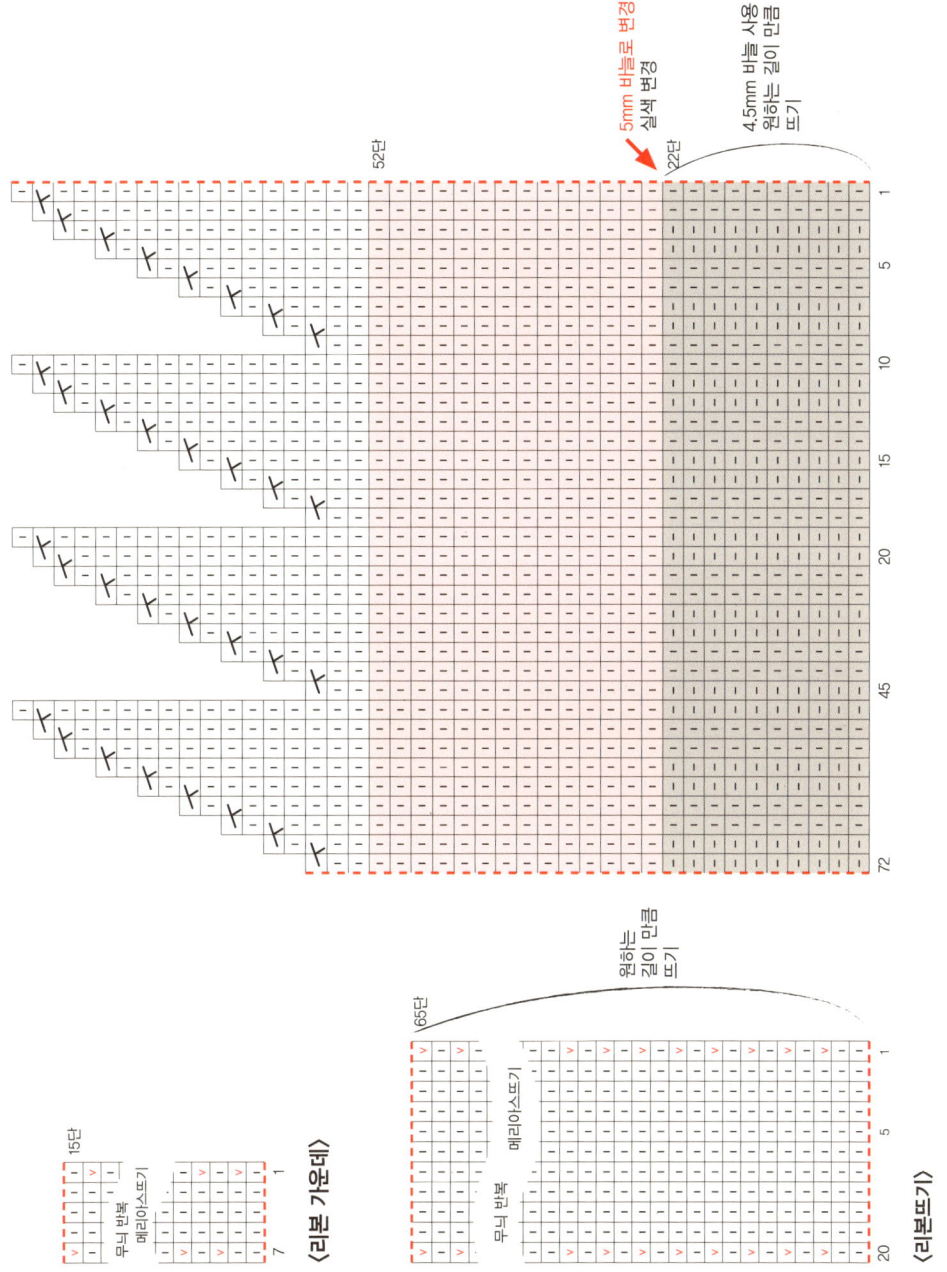

NO. **03** 빅 리본 모자

## HOW TO MAKE

### 빅 리본 모자 (아기 사이즈)

 **실** : 엘리트 회색 (25g), 핑크 (15g)

 **바늘** : 대바늘 4.5mm , 대바늘 5mm

 **완성 사이즈** : 가로 16cm, 세로 14cm (리본 높이 포함)

\* 아기모자는 고무단 부분을 접지 않았습니다.

빅 리본 모자
(아기 사이즈)

1. 엘리트 회색실과 4.5mm 바늘을 이용하여 52코를 잡아 두코고무뜨기 원형을 7단 떠준다.

   \* 이때 단수는 취향에 따라 조절을 해도 된다.

2. 바늘을 5mm로 바꾸어 23단까지 메리야스뜨기를 해준다.

   (이때 3단은 회색, 10단은 핑크색, 나머지 3단은 회색으로 배색을 해준다.)

3. 모자의 윗 부분을 코줄임 해준다.

   \* 콧수가 달라진 만큼 줄이는 규칙이 약간은 변화하기 때문에 도안 혹은 영상을 참고한다.

4. 핑크 색상의 실로 12코를 잡아 메리야스뜨기를 떠서 성인용 사이즈 모자와 같은 방법으로 마무리한다.

### TIPs!

**원하는 디자인으로 응용하기**

리본의 위치나 배색하는 색상에 따라서 전혀 다른 분위기의 모자를 만들 수 있습니다.
고무뜨기 구간의 높이에 따라서 접어서 쓰느냐 펼쳐서 쓰느냐에 따라서도 취향껏 만드실 수 있고요,
리본 대신 폼폼을 달아 주면 남성용 모자가 되기도 하지요. 뜨개의 세계는 응용과 창작의 연속입니다.
여러분만의 색상으로 여러분만의 모자를 만들어 보세요.

# DESIGN

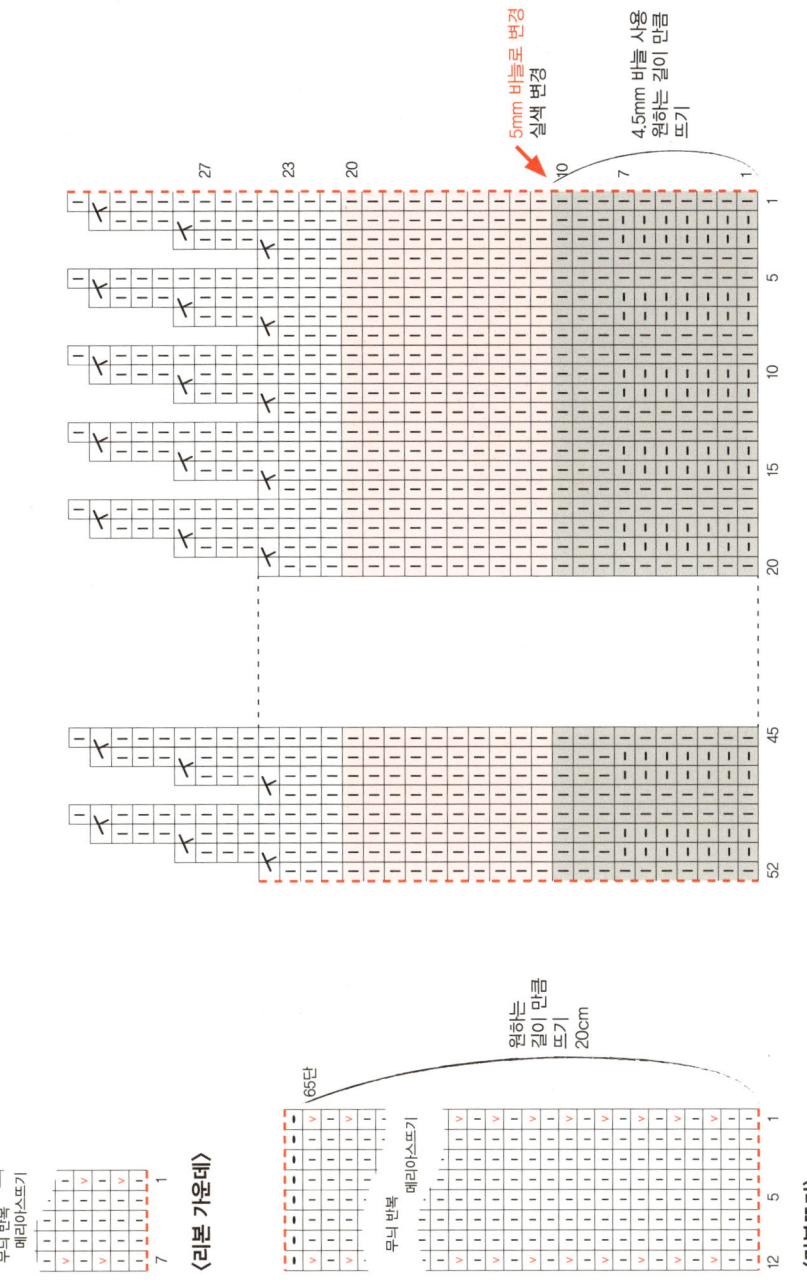

## 빅 리본 모자

# 04

## 대왕 리본 쿠션

백화점을 구경하다 정말 예쁜 쿠션을 보았습니다.
긴 직사각형 쿠션을 리본처럼 연출했더라구요.
문득 이걸 손뜨개로 만들어 보면 더 예쁘지 않을까? 라는 엉뚱한 생각과 함께
베갯속을 생각해 냈습니다. 다 쓰거나 누렇게 얼룩진 베갯속, 내 아이가 어릴 적 쓰던
작은 베개를 활용해 쉽게 만들 수 있는 대왕 리본 쿠션
함께 만들어 볼까요?

# NO. 04 대왕 리본 쿠션

## HOW TO MAKE

### 대왕 리본 가터 쿠션

 **실** : 헝가리울 약 340g (연두 170g, 분홍 170g)

 **바늘** : 4mm

 **게이지** : 28x40

 **완성 사이즈** : 가로 60cm, 세로 40cm

* 베갯속 사이즈에 따라 달라집니다.

대왕 리본 가터 쿠션

1. 사용할 실과 바늘을 이용하여 약 25~30코 잡아 약 10~15cm 높이로 뜬 후에 바늘을 빼내서 가로 몇 코가 들어가는지 계산하여 베갯속 가로 사이즈보다 약간 작게 맞춰 콧수를 잡아준다.
(예 : 10cm 안에 18코가 들어가기 때문에 60cm 쿠션은 108코 잡아주면 된다.
약간 작게 만들어야 쿠션의 모양이 예쁘기 때문에 약 100~106코 정도 잡아준다.)
2. 베갯속의 높이가 약 40cm라면 높이는 그 두 배를 떠주고 단수는 굳이 세지 않고 줄자로 치수를 재가며 뜬다.
3. 완성한 편물을 반으로 접어 측면 베갯속의 하단 부분끼리 맞대어 돗바늘로 연결시켜 꿰매어 주고 측면의 한 군데도 마저 꿰매어 준다.
4. 옆 구멍에 베개를 넣어 자리를 잡은 후에 돗바늘로 꿰매어 쿠션을 만들어 준다.
5. 실로 가운데를 살짝 묶어 원하는 느낌의 리본 쿠션 틀을 잡아준다.
6. 리본 정 가운데 움푹 파인 부분을 줄자로 재어 해당하는 cm에 맞춰 코를 잡아 가터뜨기를 취향껏 떠준다. (약 10~12단)
7. 6번에서 완성한 가터뜨기 편물을 가운데 둘러 연결한 후에 마무리한다.

# D E S I G N

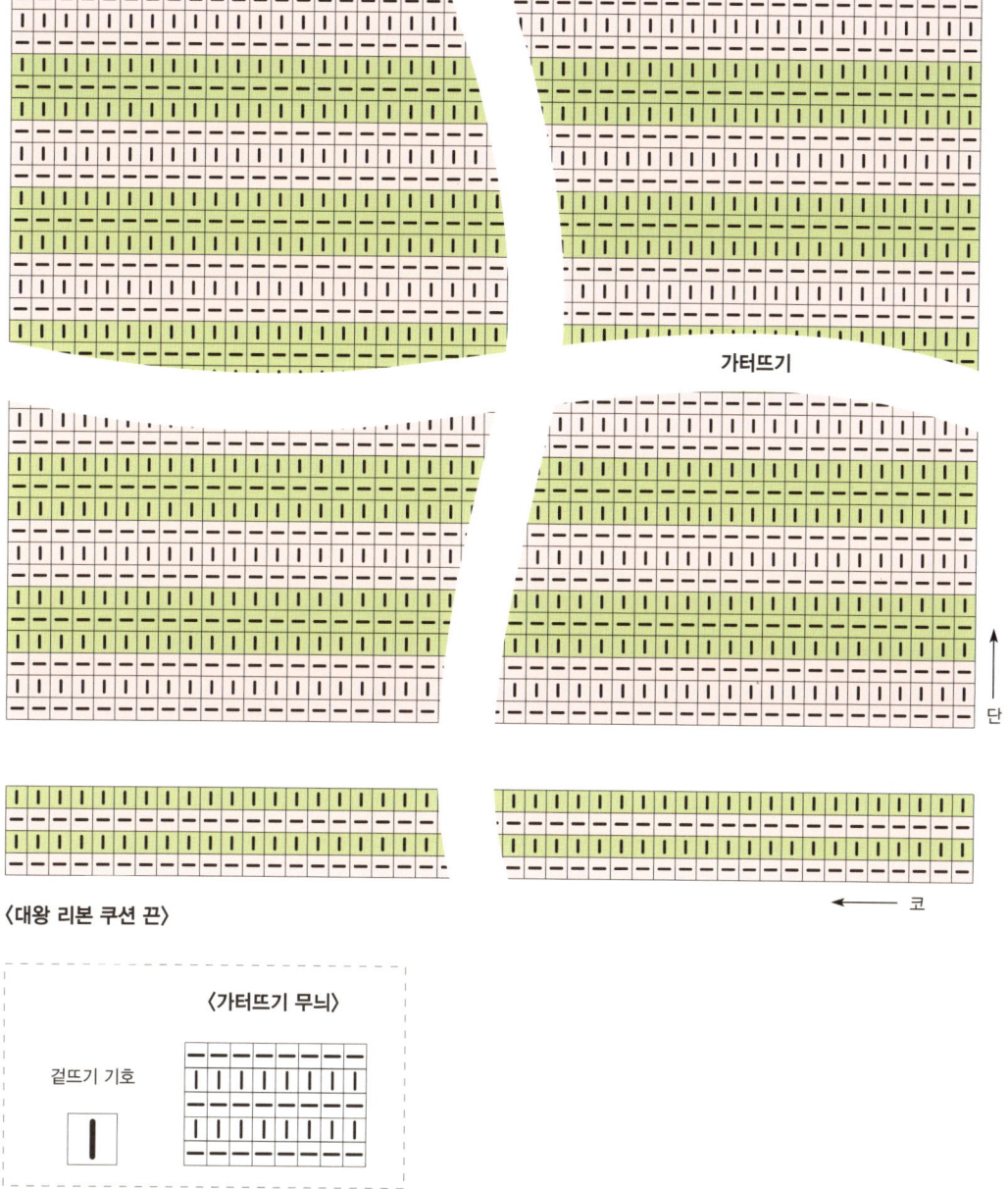

NO. 04 대왕 리본 쿠션

# HOW TO MAKE

### 대왕 리본 꽈배기 쿠션

- **실** : 헝가리울 약 280g (회색 140g, 진청록 140g)
- **바늘** : 4mm
-  **게이지** : 20X26
-  **완성 사이즈** : 가로 60cm, 세로 40cm

    * 베갯속 사이즈에 따라 달라집니다.

1. 사용할 실과 바늘을 이용하여 약 25코 잡아 메리야스뜨기를 10cm 높이로 떠준다.
2. 10cm 안에 가로로 몇 코가 들어가는지 계산하여 사용할 베갯속의 가로 길이를 계산한다.
    (예 : 10cm 안에 20코가 들어간다면 가로 60cm의 베개는 120코)
3. 해당하는 콧수를 잡아 베개의 세로 높이 X2 만큼 떠준다.
    (예 : 베개 세로가 40cm라면 줄자로 뜨면서 사이즈를 재준다.)
    * 베개 사이즈보다 뜨개편물 사이즈가 약간 작아야 쿠션이 예쁘게 만들어집니다.
      실제 게이지 내신 것보다 5~6코 정도 줄여서 코를 잡고 시작해 보세요.
4. 완성한 편물을 반으로 접어 측면과 하단부를 돗바늘로 꿰매어 베개를 넣을 구멍을 만든다.
5. 베개를 넣고 모양을 잘 잡은 후에 나머지 측면을 돗바늘로 꿰매어 완성한다.
6. 남은 실을 이용하여 원하는 만큼 가운데를 묶어 리본의 틀을 잡아준다.
7. 묶은 부분을 줄자로 잰 후 꽈배기 뜨기를 몇 cm 해야 하는지 계산한다.
8. 꽈배기 무늬를 만든 후에 감아서 돗바늘로 마무리한다.

# DESIGN

**대왕 리본 꽈배기 쿠션**

메리야스뜨기

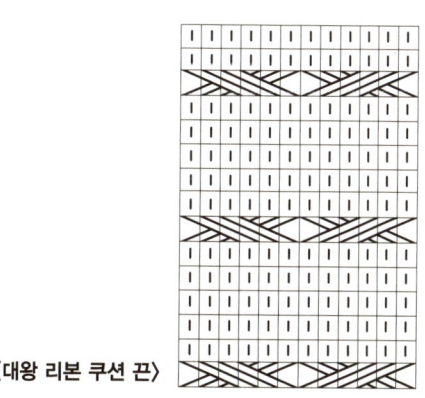

〈대왕 리본 쿠션 끈〉

## Question & Answer

Q : cm가 무늬 배색에 따라 애매하게 안맞아요.
A : 가터뜨기는 편물이 잘 늘어나는 특성을 가지고 있습니다. 사이즈가 약간 작게 떠져도 무관합니다. 단, 편물 사이즈가 쿠션보다 더 커지지만 않도록 주의해 주세요.

Q : 리본 가운데 면적을 더 넓게 하고 싶어요.
A : 실을 가운데를 기준으로 2~3줄 묶어 가운데 면적을 넓힐 수 있습니다. 이때 리본 가운데 편물을 뜨실 때에는 묶고 난 이후에 사이즈를 재어 떠줍니다.

Q : 왜 세로는 cm를 정하지 않나요?
A : 단수가 눈으로 세기에 많기도 하고 사람마다 뜨는 힘이 달라 평균치를 내기 어렵습니다. 이 대왕 리본 쿠션은 굳이 세로의 단수를 재지 않아도 줄자로 충분히 가능하기 때문에 번거로운 계산을 제외하고 가로 사이즈만 맞춘 것입니다.

Q : 꼭 가운데 꽈배기만 할 수 있나요?
A : 아닙니다. 여러분들이 원하신다면 코바늘로 레이스를 만들어 달으셔도 되고 가터뜨기만 하셔도 됩니다. 아니면 아예 하지 않으셔도 무방합니다. 창작은 여러분들이 하고 싶으신 대로 무궁무진하게 하실 수 있습니다.

Q : 줄자가 없어요.
A : 게이지를 내는 건 일반 자로도 충분히 가능하고 혹여 가운데 리본 부분의 사이즈를 잴 줄자가 없다면 종이를 잘라 표시하신 후에 뜨셔도 됩니다.

# 05

## 양면 물결 꽈배기 목도리

'고무뜨기로 목도리를 만들면 양면으로 꽈배기가 나오지 않을까?
기왕이면 십자 꽈배기가 예쁘겠다!' 라는 생각에 시도를 해 보았어요.
십자 모양 꽈배기를 넣었지만 부드러운 물결무늬가 양면으로 나오더군요.
생각했던 십자 모양은 아니였지만, 더 부드러운 물결 무늬를 얻었어요.
실수로 만든 예쁜 목도리 보고 가세요~

NO. **05** 양면 물결 꽈배기 목도리

# HOW TO MAKE

 **실** : 산타클로스 (약 320g)

 **바늘** : 5mm 줄바늘, 꽈배기 바늘

**완성 사이즈** : 폭 16cm, 길이 195cm (원하는 길이 만큼)

양면 물결 꽈배기
목도리

1. 48코를 잡아 한코 고무뜨기를 5단 뜬다. (첫 코는 걸러준다.)
2. 6단째 꽈배기 바늘을 이용하여 4코를 빼 놓고 다음 코부터 고무뜨기를 4코 뜬다.
3. 꽈배기 바늘에 있는 4코를 고무뜨기 해준다. (표시핀을 꽂아둔다)
4. 꽈배기 바늘에 다시 4코를 옮겨 놓고 줄바늘에 걸려 있는 4코를 고무뜨기 한다.
5. 꽈배기 바늘에 있는 4코를 다시 고무뜨기 한다.
6. 반복하여 한 단을 마무리 한 후에 고무뜨기로 평단 5단 뜬다.
7. 6단째에서 고무뜨기를 4코 뜬 후에 꽈배기 바늘에 그 다음 4코를 옮겨둔다.
8. 줄바늘에 걸린 4코를 고무뜨기 해주고 꽈배기 바늘에 있는 4코도 고무뜨기 해준다.
9. 반복하여 마지막 4코가 남으면 한코고무뜨기를 해준다.
10. 6단 째에서 2~5번을 반복하고 다시 6단째에서 6~9번을 반복하여 원하는 길이가 되면 마무리한다.

# DESIGN

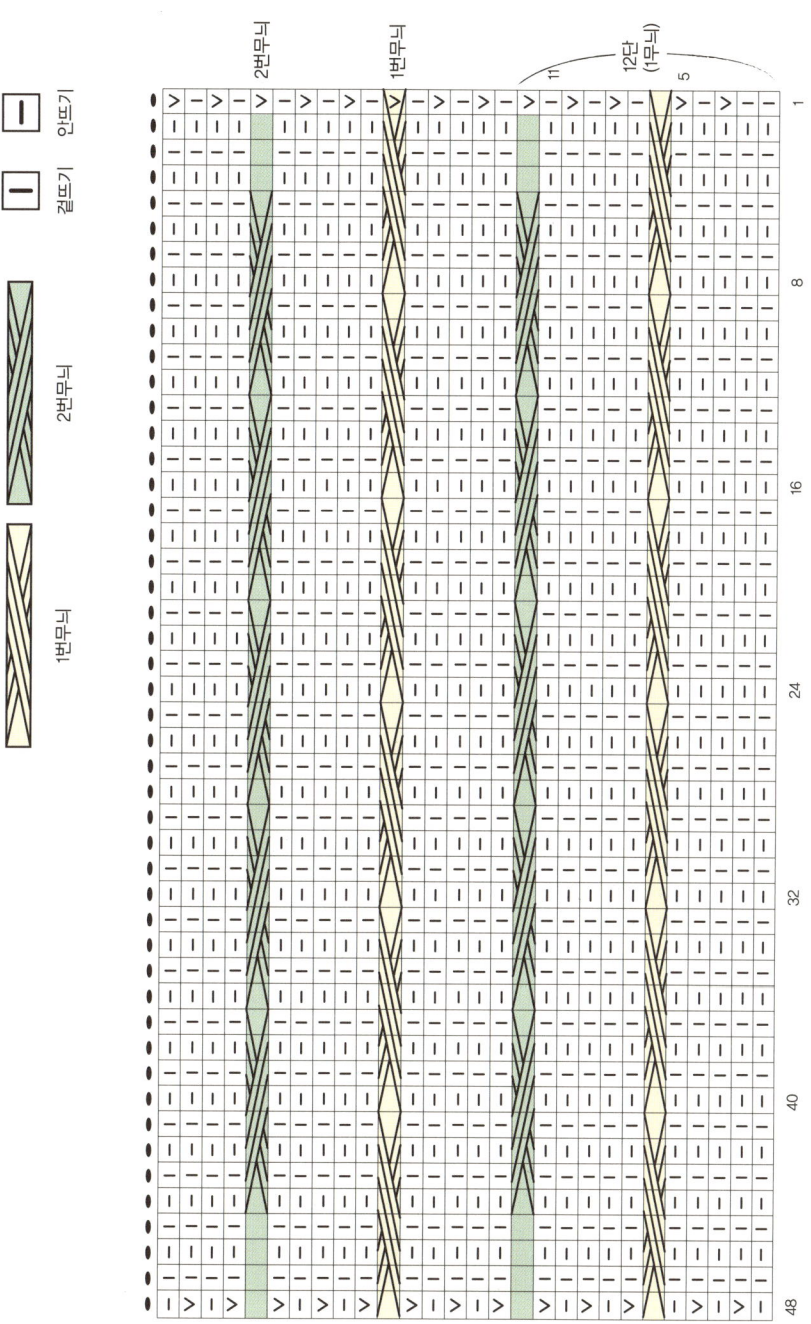

Q : 평단이 뭔가요?
A : 평단, 평, 평뜨기는 코를 늘이거나 줄이지 않고 바늘에 걸려 있는 콧수 그대로 떠주는 것을 말합니다. 예를 들어 5단평이라는 표기가 있으면 5단을 코의 변동 없이 그냥 뜨는 것을 말합니다.

Q : 첫 코를 걸러주는 이유는 뭔가요?
A : 목도리와 같이 시접이 없이 그냥 착용하는 작품들은 첫 코를 걸러 떠주어야 표면이 매끄럽게 표현됩니다. 첫 코를 뜨게 되면 울퉁불퉁하기 때문에 완성도 높은 목도리를 위해서는 첫 코를 뜨지 않고 걸러 주셔야 매끄럽게 됩니다.

Q : 목도리는 몇 cm 떠요?
A : 원하는 기장 만큼이라고 표기를 한 이유는 사람마다 신장의 차이, 체격의 차이가 다 다르기 때문입니다. 그리고 원하는 목도리 착용 스타일 또한 다 다르지요. 누군가는 한 번만 두르는 것을 원하는 반면 누군가는 두 번을 감고 묶는 것을 선호할 것입니다. 목도리 뜨개질을 하실 때에는 받으시는 분의 취향을 고려하여 직접 착용을 해보면서 길이를 가늠하시는 걸 추천 드립니다. 평균적으로 170~250cm까지 다양한 길이의 목도리가 있습니다.

양면 물결 파배기 목도리

# 06

## 꼬불 넥워머 시즌 II

지난 〈김라희는 뜨개렐라 : 쉽고 예쁜 코바늘 · 대바늘 손뜨개 작품〉에서
가장 인기 있었던 작품 중 하나가 꼬불 넥워머입니다.
뜨기도 쉽고 빨리 작품을 완성할 수 있고 사용하기 너무 편리하면서도
디자인마저 심플하다는 찬사를 받기도 했었는데요.
조금 더 노력을 가미하여 이번에는 다른 무늬의 유니크한 디자인의
꼬불 넥워머를 소개해 드릴까 합니다. 함께 만들어 볼까요?

# HOW TO MAKE

 **실** : 키라토파스텔 (130g)/ 스케치 (60g)

 **바늘** : 55mm 줄바늘

**완성 사이즈** : 밑변 가로 18cm, 세로 22cm

꼬불 넥워머 시즌 II

1. 일반코로 30코를 만들어 가터뜨기를 2단 떠준다.
2. 변형 가터뜨기로 원하는 길이만큼 떠준다.

   * 변형 가터뜨기는 표기 기호가 없습니다. 도움이 필요하신 분들은 동영상을 참고해 주세요.
3. 코를 막기 전에 시작했던 시작코 부분을 한 번 꼬아 겹쳐 잡아 김라희식 코막음으로 마무리한다.

# D E S I G N

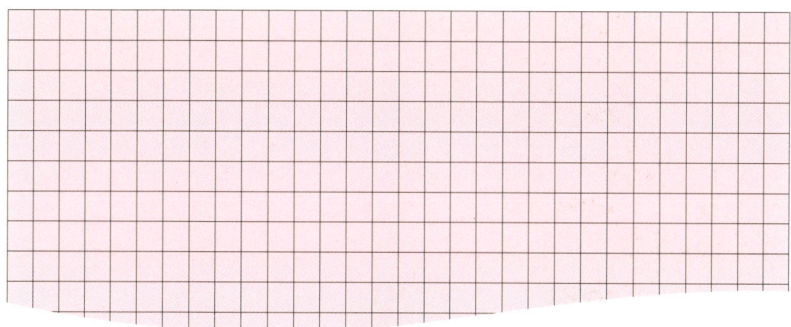

변형가터뜨기

47cm
원하는
길이 만큼

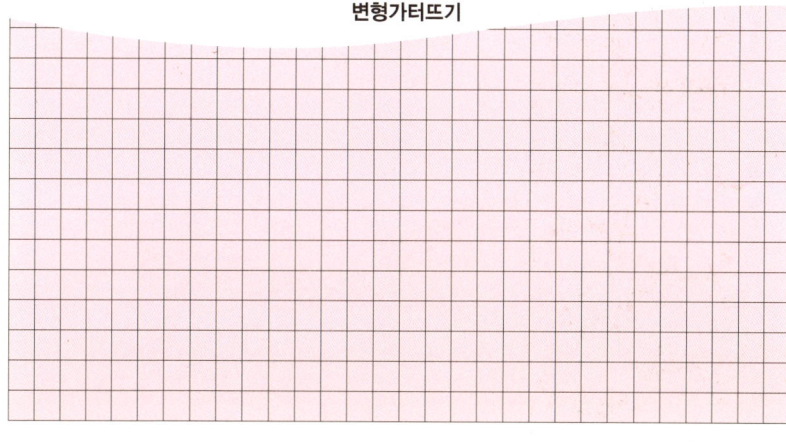

30코 시작

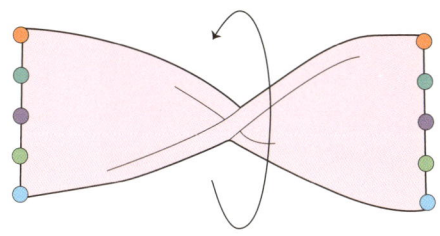

완성된 편물을 한 번 꼬아서
동그라미 색상끼리 만나도록 연결해준다.

Q : 변형가터뜨기로만 만들어야 하나요?
A : 아닙니다. 독자분들이 좋아하시는 색상이나 무늬 어느 것이든 응용해 만드실 수 있습니다. 세상에 단 하나뿐인, 내맘에 쏙드는 나만의 넥워머를 만들어 보세요.

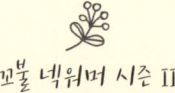

꼬불 넥워머 시즌 II

# 07

## 다용도 소쿠리 (소, 중, 대)

우리 일상에서 가장 흔하게 사용하는 생활용품이 뭐가 있을까요?
저는 소쿠리라고 생각하는데요.
다양한 사이즈의 소쿠리에 뜨개용품이나 화장품 등을 담기도 하고,
빨랫감이나 당장 쓰지 않는 물건들을 담아 놓기도 하지요.
이렇게 흔하게 쓰는 생활용품이니만큼 내 손으로 애정을 담아
원하는 사이즈의 소쿠리를 만들어 보는 기쁨을 느껴보는 건 어떨까요?

stay curious
WELCOME
LIFE IS BETTER AT THE BEACH
L·E·T·S
get
W·I·L·D
AND SO THE ADVENTURE BEGINS

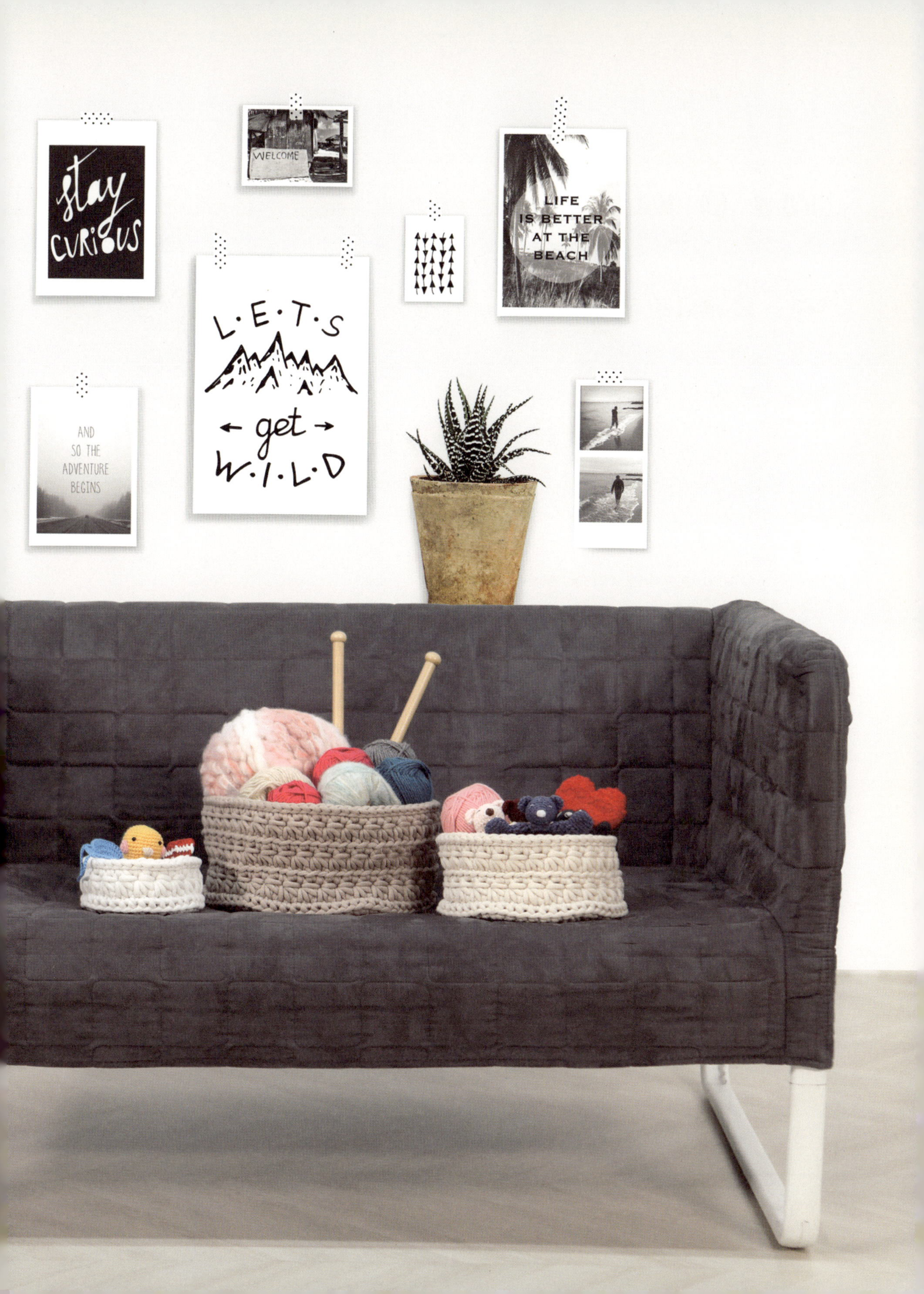

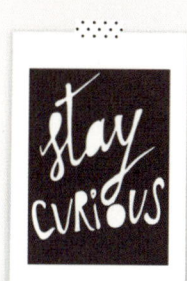

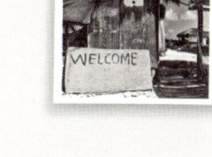

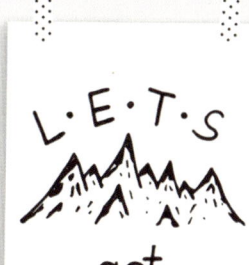

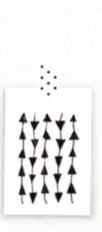

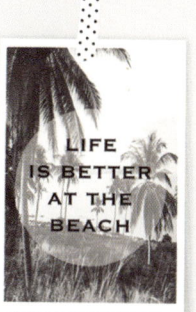

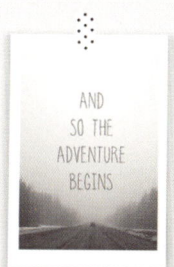

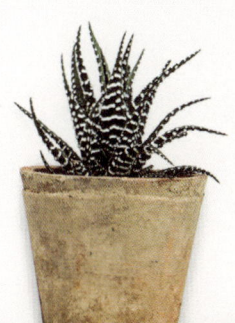

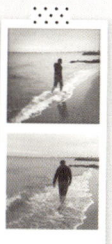

NO. **07** 다용도 소쿠리 (소, 중, 대)

# HOW TO MAKE

 **실** : 코튼울 (소형 100g, 중형 250g, 대형 420g)

 **바늘** : 코바늘 10mm

 **완성 사이즈** : 소 – 바닥 15.5cm, 높이 6cm

중 – 바닥 20cm, 높이 10cm

대 – 바닥 30cm, 높이 15cm

다용도 소쿠리
(소, 중, 대)

1. 원형뜨기로 짧은뜨기 6개를 시작으로 원형뜨기를 해준다.
2. 4코를 뜨고 5코째에 2코를 동시에 넣는 단까지 뜨고 난 후 이랑뜨기를 한 단 뜬다.
3. 사슬뜨기 3개를 만들고 두 번째 사슬뜨기, 첫 번째 사슬뜨기, 시작 코, 첫 번째 코, 두 번째 코까지 총 5코를 모아뜨기 해준다.
4. 사슬뜨기 1개를 해주고 해당하는 코에 1번, 측면의 3번 단계에서 만들었던 마지막 코의 허리에 1번, 마지막 코에 1번, 그 다음 코와 그 다다음 코에 한 번 총 5개의 코를 모아뜨기하며 반복한다.
5. 시작 코에 빼뜨기 한 후 짧은뜨기 한 단과 빼뜨기 한 단을 해주고 마무리한다.

(중형부터 참고)

6. 원형뜨기를 7코 뜨고 2코를 한 코에 넣는 단까지 뜨고 소형과 같은 무늬로 반복한다.
무늬를 한 단 다 만들고 난 후 시작 코(사슬 3번째) 빼뜨기 한 후 다시 처음부터 사슬뜨기 3개로 시작을 한다.
7. 마찬가지로 5번과 같이 마무리한다.
8. 대형의 경우 10코를 뜨고 11번째 코에 2코를 넣는 원형까지 뜨고 중형과 같이 원하는 높이만큼 뜨고 마무리한다.

Q : 저는 왜 원형뜨기가 밥그릇처럼 둥그렇게 되나요?
A : 바늘의 사이즈가 맞지 않거나 뜨는 힘에 따라 차이가 나는 경우가 대부분이지만 이럴 경우 시작코를 조금 더 많이 잡아 시작해주시는 것이 좋습니다. 만약 저와 같이 6코로 시작을 했는데 많이 오목해질 경우 시작코를 8개로 늘려 같은 기법으로 뜨시는걸 추천합니다.

Q : 왜 이랑뜨기를 처음 무늬에는 생략하나요?
A : 맨 처음에 이랑뜨기를 한 바퀴 하고 나서 짧은뜨기를 하기 때문에 저는 이랑뜨기를 하지 않고 바로 만들었습니다. 하지만 원하신다면 이랑뜨기로 무늬를 바로 시작하셔도 무방합니다.

Q : 바구니를 다 만들었는데 축축 쳐져요.
A : 코바늘은 대부분 짜임이 탄탄한 편이긴 하나 사용하신 실이 너무 얇거나 뜨는 힘이 느슨할 경우 바구니가 제대로 된 역할을 못할 수 있습니다. 이럴 경우 책에서 사용한 실 혹은 그보다 더 두꺼운 실을 사용하시거나 작은 사이즈의 바늘을 사용해서 탄탄하게 뜨실 수 있도록 해보세요.

# DESIGN

### 다용도 소쿠리 (대)

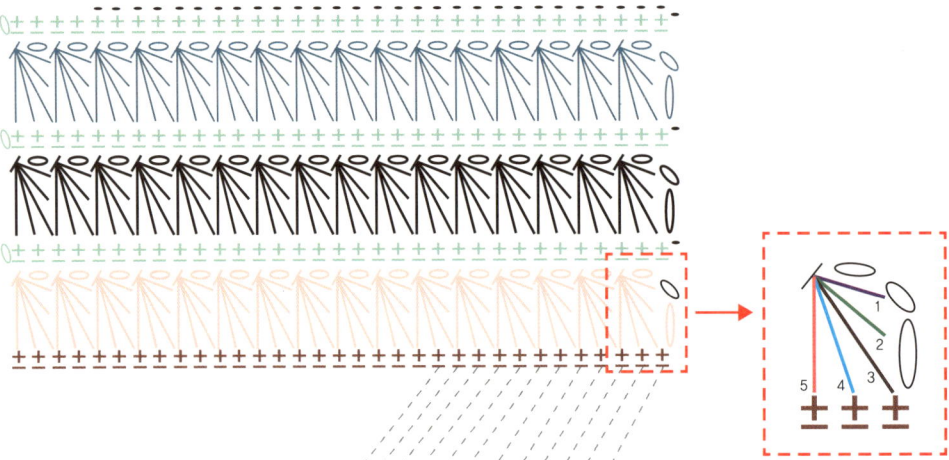

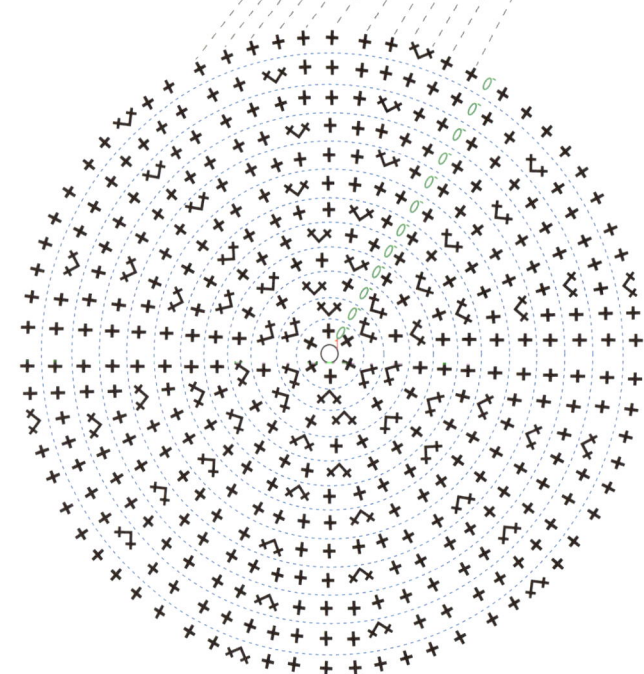

다용도 소쿠리 (소)

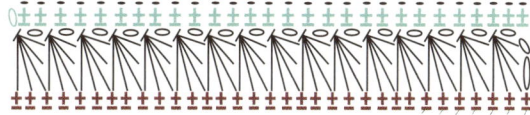

다용도 소쿠리 (중)

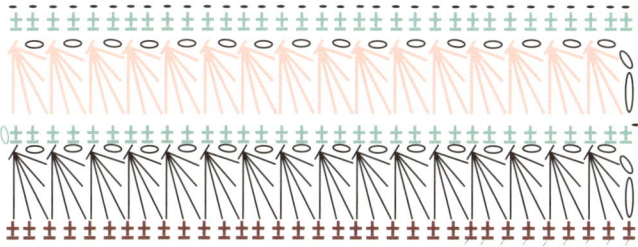

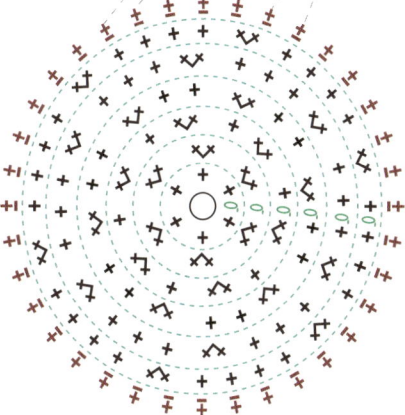

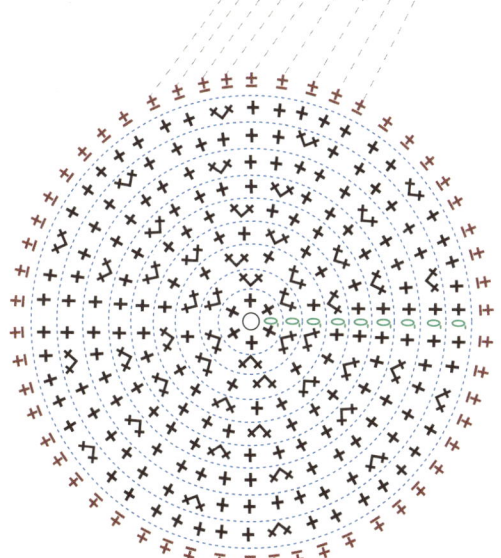

# 08

## 신축성 좋은 세안밴드

가끔 애매한 양으로 남는 실들이 있습니다.
그냥 버리기에도 혹은 무언갈 하기에도 정말 애매한 그런 털실들...
내친김에 그럼 머리띠나 하나 만들어 볼까? 하며 시작한 것이
실용적인 세안밴드가 되었습니다.
여러 가지 컬러를 이용하여 외출 시에도 착용할 수 있는
그런 헤어밴드로도 활용이 가능할거예요!

NO. 08 신축성 좋은 세안밴드

# HOW TO MAKE

- **실** : 세븐이지 (약60g)
- **바늘** : 5mm 줄바늘
- **완성 사이즈** : 가로 23cm, 폭 11cm

신축성 좋은 세안밴드

1. 약 18코를 잡아 변형고무뜨기를 하되 안뜨기를 거르지 않고 다 떠준다.
2. 원하는 길이만큼 뜨되 머리에 둘러가며 길이 가늠을 한다.
3. 김라희식 코막음을 한 후 털실을 이용하여 한 번 묶어 준다.
4. 15코를 잡아 같은 모양으로 떠주고 마무리 역시 김라희식 코막음을 한다.
5. 15코 잡은 밴드를 겹쳐 리본 모양을 만들고 원하는 모양으로 예쁘게 달아준다.

### TIPs!

- 이 기법은 굉장히 신축성이 좋은 뜨개 기법 중 하나입니다.
  잘 늘어나기 때문에 손뜨개를 하실 때 생각보다 조금 작게 만들어 주세요.
- 면과 울이 혼방된 실을 이용하면 사계절 내내 착용이 가능합니다.
- 콧수를 줄여 아기용도 만들어 보세요.

# DESIGN

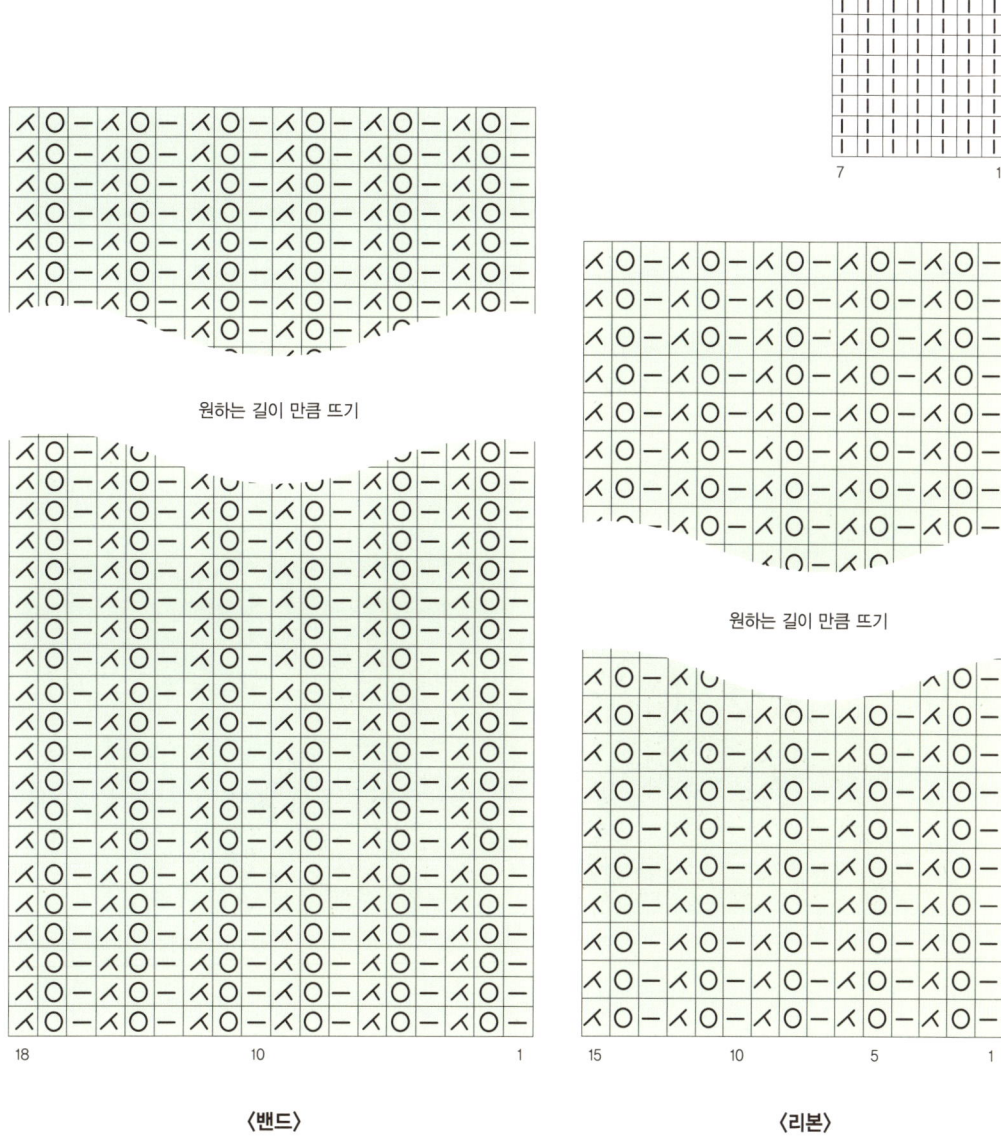

Q : 몇 cm 떠야 해요? 몇 단을 떠야 하나요?

A : 사람마다 착용하는 스타일이나 두상의 모양 그리고 뜨개를 하는 장력이 다 다르기 때문에 실용적인 작품을 만들기 위해서는 길이나 단을 정해두고 뜨는 것보다 실제 착용을 하실 분의 머리에 당겨 둘러가며 직접 길이를 재 완성하시는 게 좋습니다.

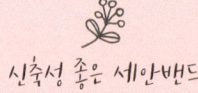

신축성 좋은 세안밴드

# 09

## 흔하지 않아!
## 바구니 무늬 파우치

유튜브에서 많은 인기를 얻었던 바구니 무늬 파우치입니다.
원단만으로는 절대 표현할 수 없는 입체적인 느낌의 매력적인 소품이지요.
한 가지 무늬를 숙지해 놓으면 다양하게
응용이 가능하다는 것 알고 계시죠?
이번에는 유튜브에 소개되지 않았던, 김라희는 뜨개렐라 책에서만
보실 수 있는 바구니 무늬 가방도 함께 공개합니다!

NO. **09** 흔하지 않아! 바구니 무늬 파우치

## HOW TO MAKE

 **실** : 파인램스울 (약 80g)

 **바늘** : 모사용 코바늘 6/0호

 **완성 사이즈** : 가로 24cm, 세로 16cm

흔하지 않아!
바구니 무늬 파우치

1. 사슬뜨기를 44코에 한길긴뜨기를 1바퀴 돌아준다. 이때 양쪽 끝 사슬뜨기엔 짧은뜨기 3코씩을 넣어 타원형을 만들어준다.
2. 한길긴뜨기로 한 단을 떠준 후에 앞걸어뜨기 5코, 뒤걸어뜨기 5코씩을 넣는 무늬를 2단 넣어준다.
3. 다음 단부터는 보이는 무늬가 앞걸어뜨기면 뒤걸어뜨기로, 뒤걸어뜨기면 앞걸어뜨기로 바꾸어 총 같은 무늬를 3단 반복한다.
4. 원하는 높이가 될 때까지 무늬가 교차되도록 떠준 후 빼뜨기로 마무리한다.

# D E S I G N

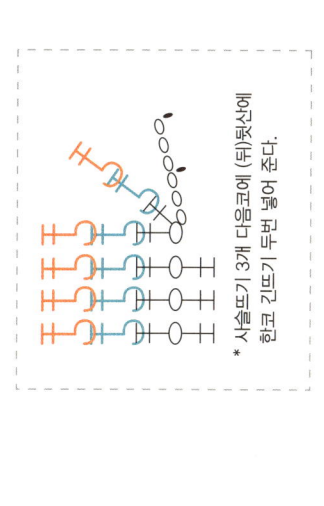

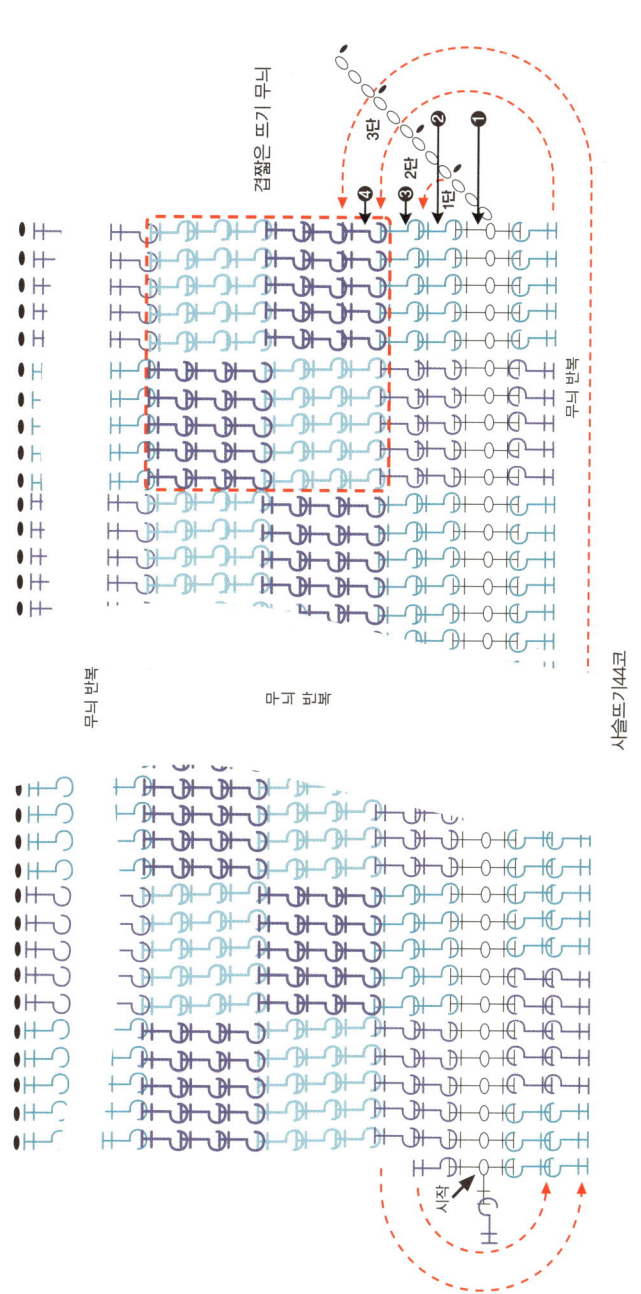

Q : 사이즈 조절은 어떻게 하나요?
A : 맨 처음 한길긴뜨기를 할 때 콧수를 10배수로 해서 뜨면 사이즈 조절이 가능합니다.

흔하지 않아! 바구니 무늬 파우치

# 바구니 무늬 가방

NO. **09** 바구니 무늬 가방

# HOW TO MAKE

---

- **실** : 파인램스울 (약 360g)
- **바늘** : 모사용 코바늘 6/0호
- **완성 사이즈** : 바닥 가로 36cm, 바닥 세로 13cm, 바닥 높이 25cm

1. 사슬뜨기를 70코 잡아 짧은뜨기를 23단 떠준다.
2. 사각형 테두리 부분에 짧은뜨기를 한 바퀴 해준다. 이때 각 꼭짓점 부분에는 짧은뜨기가 각각 3개씩 들어가도록 해준다.
3. 각 코마다 1번씩 이랑뜨기를 해 가방의 바닥 판을 완성한다.
4. 파우치 만들기의 2번부터 시작한다.

**TIPS!**

**가방 사이즈를 조절 하고 싶다면?**
3번 과정을 할 때 콧수가 10의 배수가 되도록 조절해주시면 됩니다. 바구니 무늬 파우치와 동일합니다. 같은 방법으로 다양한 사이즈, 모양의 가방을 만드실 수 있어요.

# D E S I G N

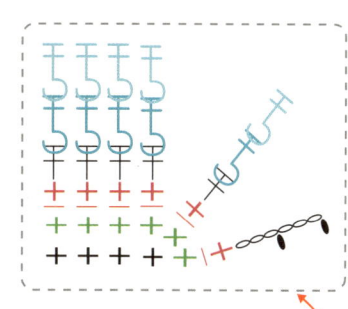

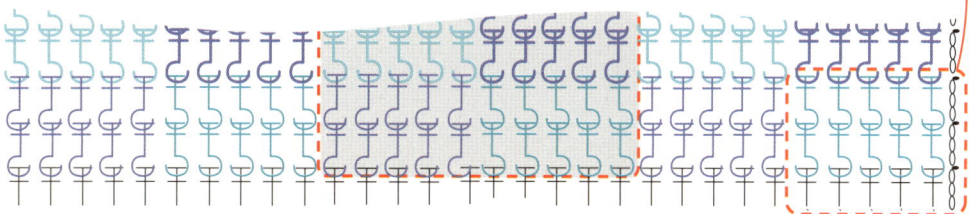

한코에 짧은 뜨기 3개

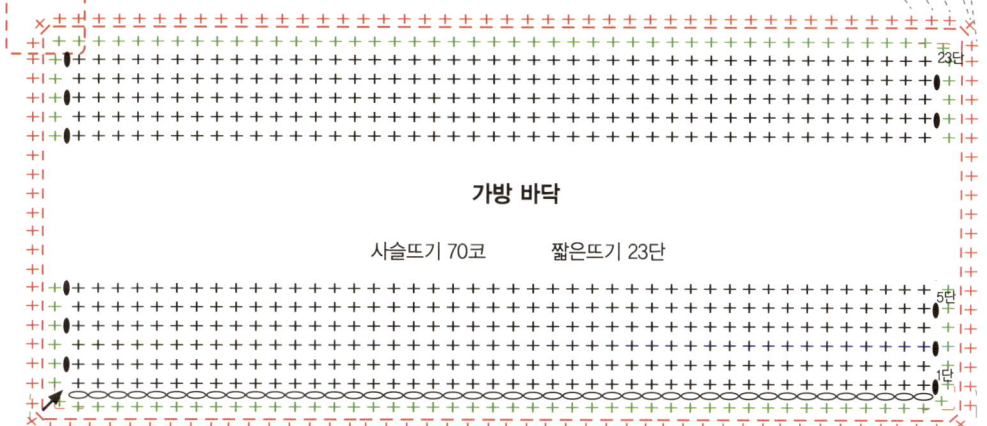

**가방 바닥**

사슬뜨기 70코    짧은뜨기 23단

## 바구니 무늬 가방

# 10

## 라스민 스티치 클러치 & 크로스백

시장의 구석진 곳에서 보석과도 같은 털실을 만났습니다.
칙칙하고 어둡지만 알록달록 색감을 가진 참 신기한 실이었습니다.
늘 '클래식한 털실이 아닌 화려하고 독특한 털실로도
충분히 실용성 있는 작품을 만들 수 있지 않을까?'라는 생각을 했던 저는
이 보석과도 같은 털실로 실용적인 클러치와 크로스 백을 만들어 보았죠.
개인적으로 코바늘을 막 접하고 나서 가장 시도해보고 싶었던
자스민 스티치(마잎뜨기)와 개성 있는 색감의 털실이 만나 탄생한
라스민 클러치와 크로스백을 한 번 만들어 볼까요?

NO. **10**  라스민 스티치 클러치 & 크로스백

## HOW TO MAKE

- 실 : 베스타모헤어
  (클러치 200g(스트랩 포함), 크로스백 130g(어깨 스트랩 포함))
- 바늘 : 대바늘 모사용 코바늘 7/0호
- 완성 사이즈 : 클러치백 - 가로 30cm, 세로 23cm
  크로스백 - 가로 26cm, 세로 18cm

라스민 스티치 클러치
& 크로스백

1. 사슬뜨기 2개를 한 후에 첫 번째 사슬뜨기 코에 짧은뜨기를 하나 해주고 사슬뜨기를 하나 해준다.
2. 바늘을 당겨 원하는 사이즈의 꽃잎을 만들어 긴뜨기 하듯 2번을 짧은뜨기 코에 빼내어 예쁜 꽃잎을 만든다.
3. 뜨는 실을 고정해놓고 바늘로 걸어 가져와 사슬뜨기 하나를 해 꽃잎을 완성한다.
4. 원하는 가방의 가로 폭 사이즈 만큼의 꽃잎을 만들어 준다. (개수 무관)
5. 하나의 무늬를 더 만들어 주고 난 후에 자스민 스티치를 시작하여 원하는 높이 만큼 떠준다.
6. 선호하는 디자인이나 사이즈에 따라 접어가며 확인 후 짧은뜨기와 빼뜨기로 튼튼하게 마무리한다.
7. 손잡이나 고리를 원할 시 새우뜨기 하여 돗바늘로 원하는 위치에 꿰메어 달아준다.

**TIPs!**

새우뜨기를 할 때 직접 착용해보며 길이 기늠을 하고, 생각하는 것보다 조금 짧게 떠주세요.
가방을 사용하다 보면 소지품 무게 때문에 가방이 약간 늘어날 수 있기 때문인데요,
이를 고려해서 조금 짧게 새우뜨기를 떠주시면 더욱 실용적인 가방을 완성하실 수 있습니다.

가방의 손잡이는 가죽 손잡이 등을 구입해서 사용해도 되지만, 굳이 비싼 가죽 손잡이를 구입하지 않아도
같은 색의 털실로 만들면 가성비 좋고 예쁜 가방을 완성하실 수 있습니다.

# DESIGN

Q : 왜 저는 모양이 안 예쁠까요? 너무 어렵습니다.
A : 자스민 스티치나 칠보뜨기와 같이 늘려 뜨는 방식은 뜨는 사람의 테크닉이나 평소 습관에 따라 사이즈가 제각기 다릅니다. 만들어지는 꽃잎의 길이가 일정해야 예쁘기 때문에 충분한 연습을 하신 후에 시작하시는 걸 추천합니다.

Q : 긴뜨기를 2번에 걸쳐 빼는데 3 ~ 4번 빼내도 상관이 없나요?
A : 네 상관 없습니다. 만약 통통하고 두툼한 느낌을 원하신다면 실을 감아 빼내 늘리는 것을 3 ~ 4번 심지어 5번까지도 반복하실 수 있습니다. 도안이나 제 영상보다 더 중요한 것은 이 책을 보고 계시는 여러분의 취향에 맞춰 작품을 완성하는 것입니다.

Q : 빼뜨기를 꼭 해야 하나요?
A : 빼뜨기를 하는 이유는 안감을 달거나 사용을 하실 때 짧은뜨기만으로는 처짐이 상당히 심하고 실용성이 떨어질 수 있기 때문입니다. 빼뜨기를 해서 조금 더 탄탄하게 가방의 입구를 잡아주어 오래 사용해도 모양이 늘어지지 않는 예쁜 가방을 만들어 보세요.

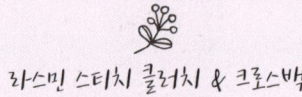

자스민 스티치 클러치 & 크로스백

# 11

## 심플 카라 케이프

은은한 크림 색상의 레이스 케이프를 볼 때마다 정말 예쁘고 여성스럽다는 생각을 했어요. 그래서 여성스러우면서도 어디에나 잘 어울리는 심플한 카라 케이프를 만들어 봤습니다.

# NO. 11 심플 카라 케이프

## HOW TO MAKE

- 실 : 골드앙고라 (약 15g)
- 바늘 : 모사용 코바늘 6호
- 완성 사이즈 : 높이 25cm, 폭 6cm

심플 카라 케이프

※ 주의사항
보통은 작품에 사용된 실의 사용량에 맞춰 비슷한 중량으로 준비를 하는데요.
골드앙고라 털실은 매우 가벼운 실이라 다른 실에 비해 같은 중량대비 양이 많습니다.
이 점을 감안하여 털실을 조금 넉넉하게 준비해 주세요.

1. 사슬뜨기 76개를 만들어 준다.
2. 사슬뜨기 4개와 한길긴뜨기를 76번째 사슬뜨기에 넣어 역삼각형 무늬를 만들어준다.
3. 한길긴뜨기와 사슬뜨기 그리고 한길긴뜨기를 2코마다 한 번씩 반복하여 끝까지 떠준다.
4. 사슬뜨기 3개를 하고 다음 단에서 같은 역삼각형 무늬에 3번을 반복하고 마지막 부분에 한길긴뜨기 1개를 더해 마무리 해준다.
5. 무늬를 5단 뜬 후 사슬뜨기 1개를 하고 옆단으로 돌아 케이프의 앞 측면에 짧은뜨기를 15개 해주고 사슬뜨기 45개를 해준다.
6. 사슬뜨기 4개, 한길긴뜨기 1개를 해서 같은 무늬를 만들어 45번째 사슬뜨기에 빼뜨기 해서 장식을 만들어 준다.
7. 반대쪽 케이프의 앞 측면에서 실을 연결하여 5번과 6번의 과정을 반복한다.

### TIPs!

사슬뜨기 개수를 결정할 때 목 아랫부분에 여유롭게 자리 잡을 정도의 사슬뜨기 개수를 잡아주시면 됩니다.
응용하셔서 아기부터 성인 그리고 사랑스러운 애완동물을 위한 다양한 심플 카라 케이프를 만들어보세요.

# D E S I G N

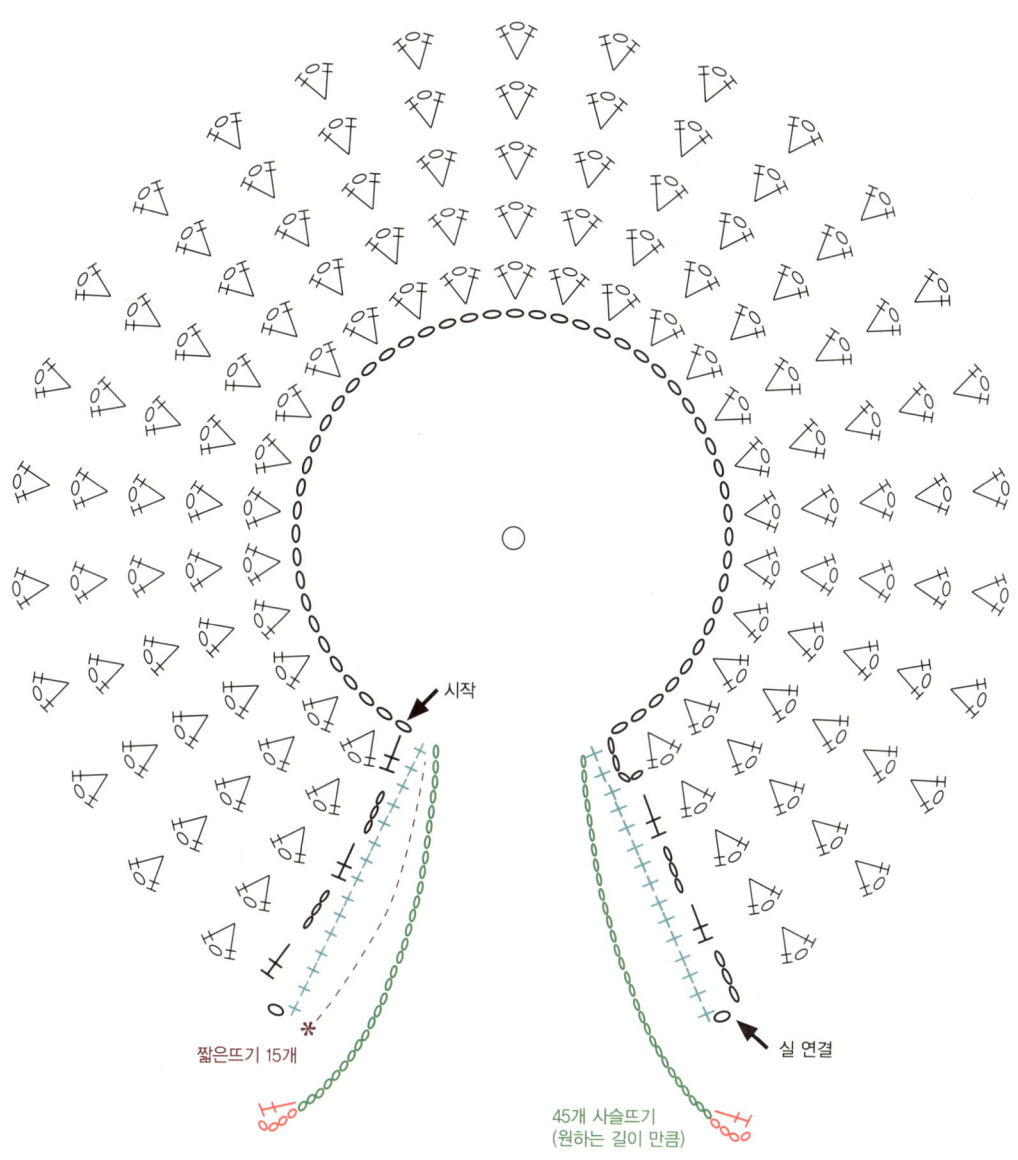

## 심플 카라 케이프

# 12

## 내사랑 24K 클러치

여러분들은 어떤 색을 가장 좋아하시나요?
저는 금색을 가장 좋아하는데요, 그래서 제가 가장 좋아하는
금색 실로 클러치를 만들어 보았습니다.
여러분들도 가장 좋아하는 색깔의 털실로 저와 함께 원하는 사이즈의
클러치를 만드실 수 있어요.
탄탄한 짜임과 출렁거리지 않는 느낌의 클러치 함께 만들어 볼까요?

NO. 내사랑 24k 클러치

## HOW TO MAKE

- 실 : 브라이트 200g
- 바늘 : 코바늘 0/3호
- 완성 사이즈 : 가로 28cm, 높이 20cm

내사랑 24k 클러치

1. 사슬뜨기 90개를 만들어 짧은뜨기를 해준다.
2. 사슬뜨기를 기준으로 위 아래로 짧은뜨기를 해주되 양쪽 끝 부분에는 두 코가 들어가도록 해준다.
   * 사슬뜨기 개수의 2배 만큼 짧은뜨기를 한다.
3. 빼뜨기 후 겹짧은뜨기를 해준다. 이때 측면 부분은 코가 잘 보이지 않거나 작아보이기 때문에 신경써서 예쁘게 틀을 잡아준다.
4. 원하는 높이가 되었으면 되돌려뜨기로 마무리한 후 안감을 넣어준다.

**TIPS!**

책에서 설명한 크기보다 작거나 큰 클러치를 만드시려면 맨 처음 시작하는 사슬뜨기의 개수를 조절해 보세요.
이때, 사슬뜨기(시작 코)는 반드시 짝수로 시작을 해 주세요.

# DESIGN

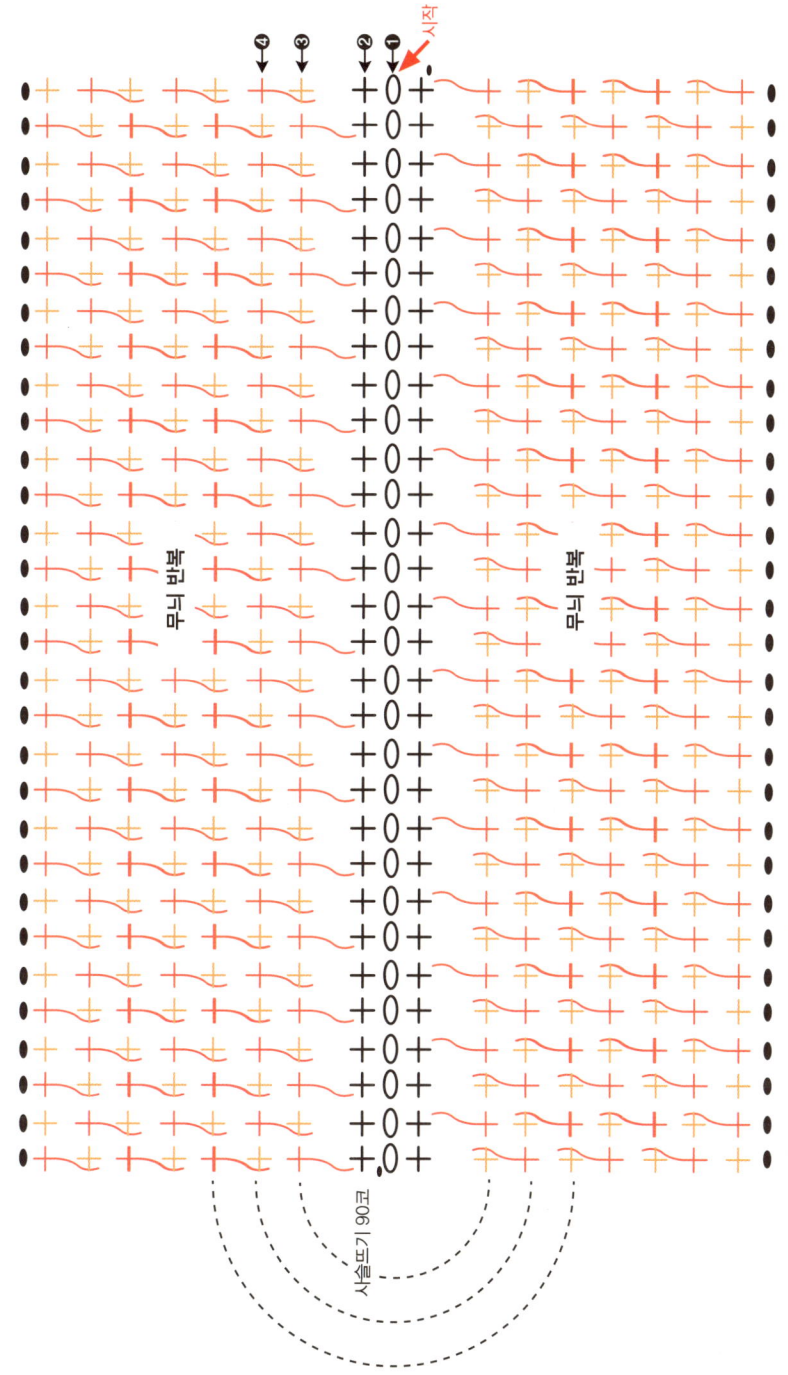

Q : 간신히 했는데 겹짧은뜨기 콧수가 안 맞는 것 같아요.
A : 그럴 경우 유동적으로 한 코 전이나 비어 있는 코에 한 코를 더 넣어 무늬를 만들어 주세요. 코바늘의 가장 큰 장점은 한 코 정도 차이가 나더라도 크게 티가 나지 않는다는 점입니다. 하지만 정교하게 딱 맞춰서 만드는 연습도 필요하겠죠?

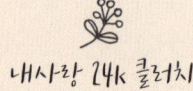

내사랑 24K 클러치

# 13

## 허브 웨이브 스카프

한겨울에 두르는 두툼하고 투박한 목도리도 멋있지만
봄부터 가을까지 가볍게 걸치는 스카프 또한 매력있는 손뜨개 아이템입니다.
다른 실과 섞어 뜨는 용도인 얇디 얇은 모헤어 실 두 가닥을 이용하여 떠 보았습니다.
예쁘고 실용적인 간절기 필수 아이템 허브 웨이브 스카프!
함께 만들어 볼까요?

NO. **13**  허브 웨이브 스카프

## HOW TO MAKE

 **실** : 엑설런트 모헤어 약 80g

 **바늘** : 코바늘 5/0호

 **완성 사이즈** : 넓은 부분의 폭 11cm, 길이 180cm

허브 웨이브 스카프

1. 사슬뜨기 11개를 한 후 첫 번째 코에 기둥코 사슬 3개와 한길긴뜨기 2개, 사슬 2개, 한길긴뜨기 3개를 한다.
2. 사슬뜨기와 한길긴뜨기를 이용하여 허브잎 무늬를 만들어 준다.(10단이 한 무늬)

   * 모헤어 실은 한 번 뜨개를 뜨고 나면 다시 풀기 상당히 번거롭고 어렵습니다.
   
   실과 바늘의 사이즈가 본인에게 잘 맞는지 확인하고, 충분히 연습을 한 뒤 만드시기 바랍니다.

# D E S I G N

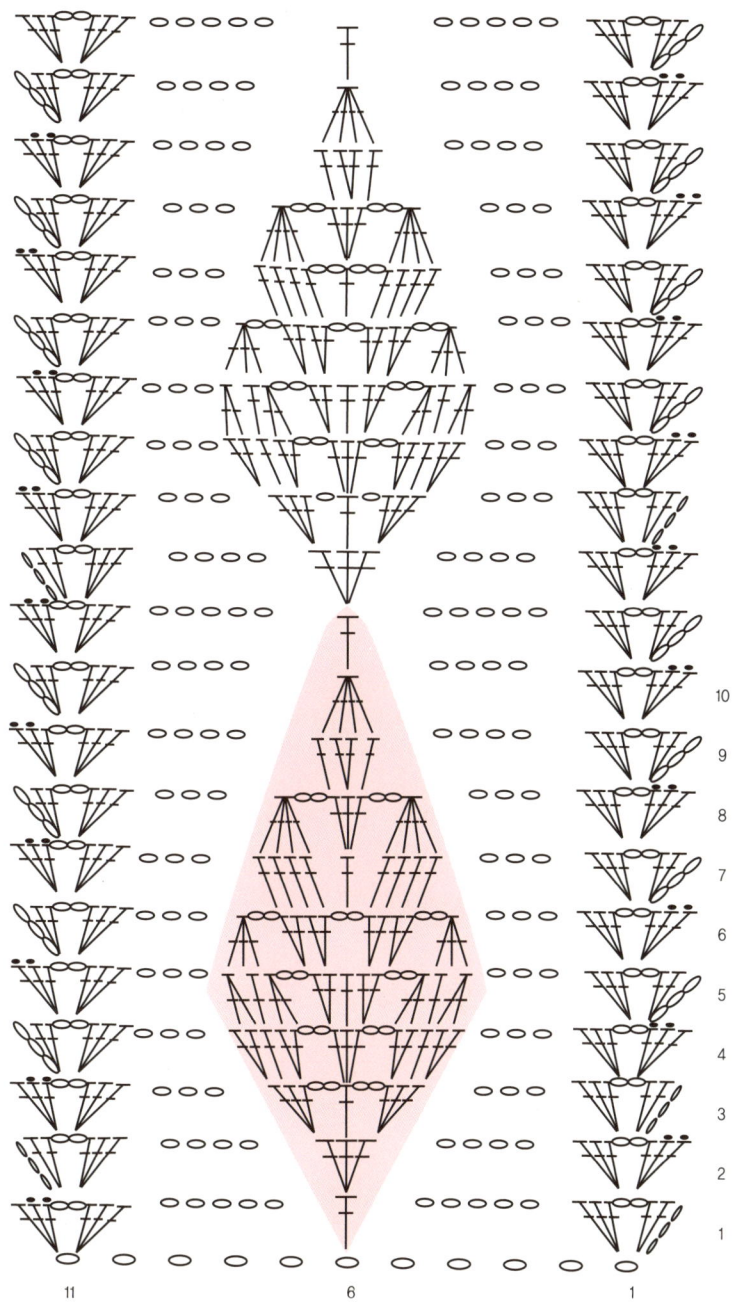

## 허브 웨이브 스카프

# 14

## 네모네모 발매트

손뜨개로 겨울용 소품뿐만 아니라 다양한 생활소품들을 만들 수 있는데요.
하나 만들어 두면 사계절 내내 알차게 사용할 수 있는 생활소품들도 많지요.
그 중 사이즈에 따라 거실의 카펫이 되기도, 주방의 매트가 되기도 하는
발매트를 소개해 드리려고 합니다.
네모네모 모양을 품은 발매트를 함께 만들어 볼까요?

NO. 14 네모네모 발매트

# HOW TO MAKE

- **실** : 르네상스 1타래 (500g)
- **바늘** : 코바늘 10mm
- **완성 사이즈** : 가로 56cm, 세로 40cm

네모네모 발매트

1. 사슬뜨기를 10의 배수 +7코로 잡아준다. 이때 사슬뜨기의 개수는 발판의 폭이 된다.
2. 기둥코를 만들고 한길긴뜨기 5개를 한 후 3코째에 한길긴뜨기를 넣어 무늬를 만들어 줄 준비를 한다.
3. 2번에서 만들어진 대각선 한길긴뜨기에 사슬뜨기 2개와 한길긴뜨기 3개를 넣어 무늬를 만들어 주고 3코째에 다시 한길긴뜨기를 해준다. 이때 한길긴뜨기는 5번 해준다.
4. 2번과 3번을 반복하며 한 단을 끝낸 후 다시 기둥코를 만들어 하단과 똑같이 한길긴뜨기를 5개 넣어준다.
5. 사슬뜨기 2개를 해서 아랫단 사각형 무늬 부분의 첫 번째 코에 짧은뜨기를 하고 사슬뜨기 2개를 한 후 한길긴뜨기와 무늬를 반복한다.
6. 기둥코를 만들어 바로 3번째 코에 2번과 3번의 과정을 반복해준다.
   * 앞서 만든 대각선 사각형과 교차되게 배열한다고 생각하면 이해가 쉽다.
7. 기둥코를 만들어 5번의 과정을 반복해준다.
8. 사슬뜨기 1개와 짧은뜨기를 반복하며 테두리를 가볍게 만들어 준다.

**TIPs!**

매트가 미끄럽다면 마트나 할인매장에서 미끄럼 방지 패드를 구입하여 덧대주면 더욱 실용적으로 사용이 가능합니다.

# D E S I G N

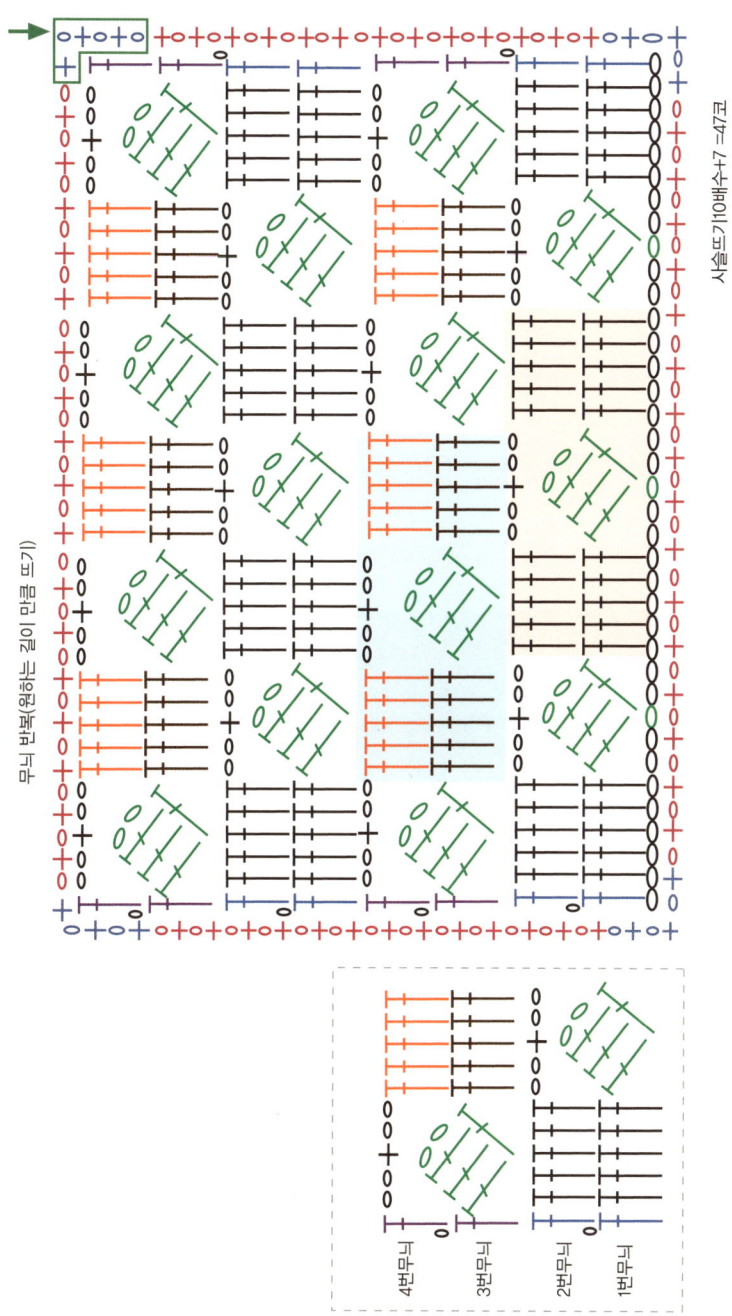

Q : 왜 기둥코가 사슬뜨기 1개에 한길긴뜨기를 바로 하나요?
A : 영상에서 간략하게 설명을 드렸지만 사슬뜨기 3개로 기둥코를 할 경우 코가 늘어질 수도 있고, 완성작품의 테두리 모양이 제 취향과 맞지 않다고 생각하여 테두리 작업을 조금 더 완성도 있게 하기 위해서 하였습니다.

Q : 기둥코는 사슬뜨기 3코인데 왜 무늬 부분에는 사슬뜨기를 2개만 하나요?
A : 같은 이유입니다. 사슬뜨기 3개를 하는 것이 정석이긴 하지만 사슬뜨기 2개를 했을 때의 무늬가 더 예쁘다고 판단했기 때문입니다. 이는 뜨는 사람의 장력 차이에 따라 다르므로 만약 사슬뜨기 3개가 더 예쁘다고 생각되시는 분들은 3개로 바꾸어 진행하셔도 무방합니다. 뜨개의 세계에 정석이란 없으니까요.

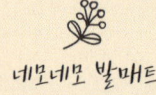

네모네모 발매트

# 15

## 박시핏 롱가디건

손뜨개의 로망은 무엇일까요?
대부분의 사람은 아마 옷을 떠올릴 거예요.
하지만 게이지내기, 진동줄임, 코줍기, 어깨경사 등등 어려운 과정이 너무나 많지요.
그래서 이런 모든 작업을 하지 않고도 누구나 쉽게 만들 수 있는 옷을
오랜 시간 고민하고 또 고민해서 생각해 냈답니다.
이제 여러분도 손뜨개로 예쁜 롱 가디건을 만들 수 있어요.

# NO. 15 박시핏 롱가디건

## HOW TO MAKE

- **실** : 빅토리아 베이지 800g
- **바늘** : 4.5mm, 3.5mm 줄바늘
- **완성 사이즈** : 가로 65cm (소매 포함), 길이 125cm

* 옷걸이에 걸어 놓고 측정하였습니다.

박시핏 롱가디건

1. 4.5mm 바늘에 흔들코로 120코를 잡아준다.
   * 이때 흔들코가 너무 어렵다면 일반코 잡는 방식으로 잡아도 무방하다.
2. 한코고무뜨기를 20단 뜬다.(약 10cm)
3. 네코고무뜨기를 30단 뜬다.(약 14cm)
4. 3.5mm 바늘로 바꾸어 와플뜨기를 200cm 떠준다.
   * 이때 착용자의 신장 혹은 취향에 따라 기장을 조절할 수 있다.
5. 네코고무뜨기를 30단 뜬다.(약 14cm)
6. 한코고무뜨기를 20단 뜬 후에 코막음을 해준다.(약 10cm)
   * 흔들코로 시작했다면 한코고무뜨기 돗바늘 마무리로 끝낸다.
7. 와플뜨기의 폭에 맞추어 고무뜨기를 가로로 늘려가며 다림질해 직사각형을 만든다.
8. 반으로 접어 고무뜨기한 부분을 다 꿰매어 주고 와플뜨기한 부분도 약 20cm 꿰매어 준다.
9. 와플뜨기 연결한 곳을 중심 삼아 다시 편물을 반으로 접어 중심부터 약 10cm 가량을 연결한다.
   * 8, 9번 설명이 어렵다면 동영상을 참고한다.

### TIPs!

소매가 아랫부분에 달려 있어 생각보다 길게 떠 주셔야 합니다.
폭 역시 몸을 다 감쌀 수 있는 걸 생각하셔서 콧수를 조절해 주세요.

# DESIGN

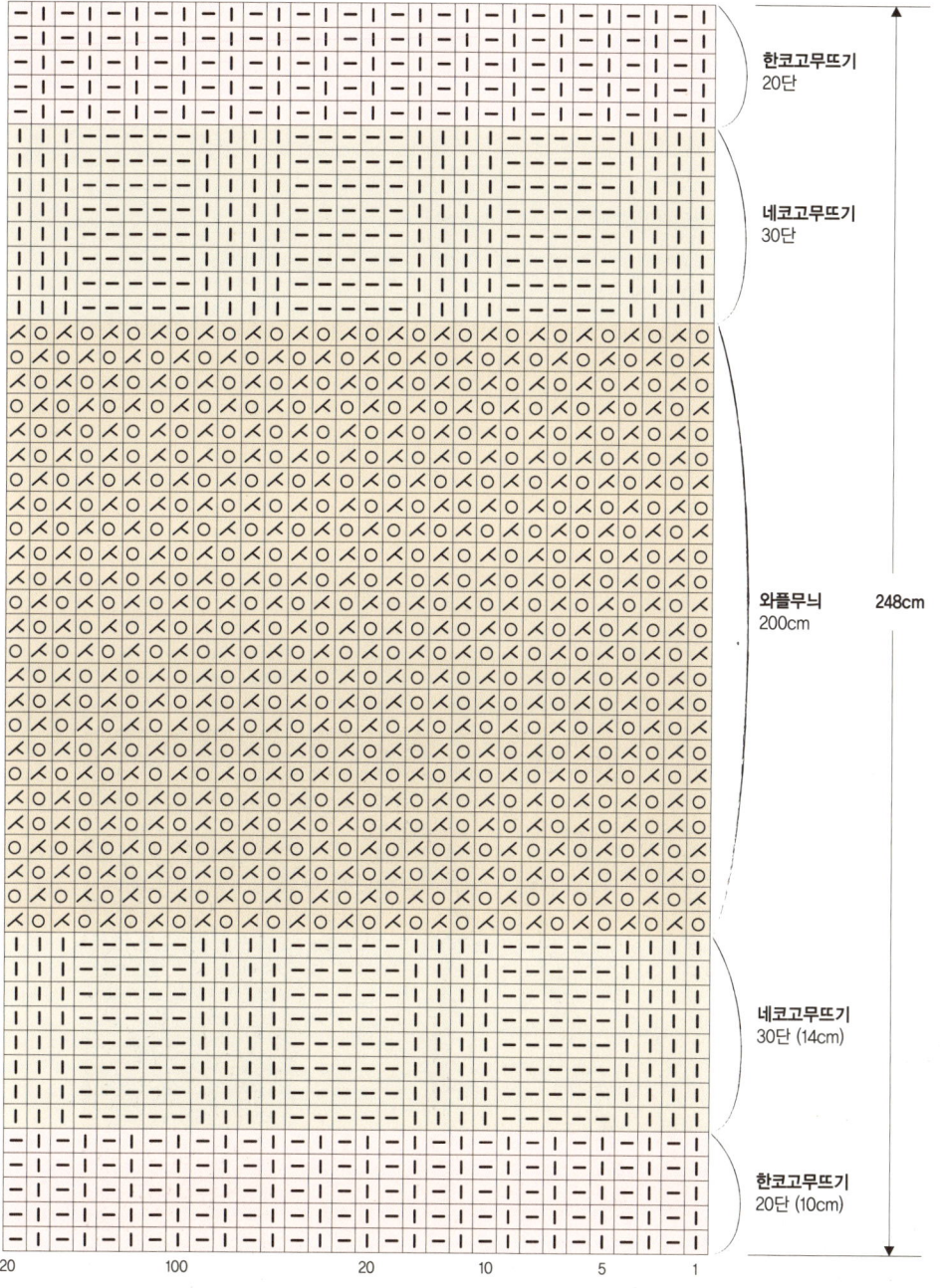

한코고무뜨기
20단

네코고무뜨기
30단

와플무늬
200cm

248cm

네코고무뜨기
30단 (14cm)

한코고무뜨기
20단 (10cm)

* 신장 171cm, 55 사이즈의 김라희는 다림질하기 전의 가로 폭이 65cm였습니다.

Q : 와플뜨기 할 때 바늘을 바꾸는 이유는 무엇인가요?
A : 와플뜨기는 구멍이 생기는 공기층이 큰 무늬입니다. 그렇기 때문에 착용 시 처짐에 의한 구멍이 너무 커지지 않도록 하기 위해 조금 작은 바늘로 바꾸어줍니다.

Q : 왜 다림질을 늘려서 하나요?
A : 늘려서 다림질하지 않아도 무관하지만 확실한 직사각형을 만들어 준 이후에 연결해야 폭이 일정하기 때문에 작품의 완성도가 높아집니다.

Q : 코 잡는 것부터 마무리까지 너무 어렵습니다.
A : 흔들코(끌어올리기코)는 많은 분들이 어려워 하는 것 중에 하나예요. 그렇기 때문에 너무 어렵다면 스트레스 받지 마시고 일반코로 시작과 마무리를 하셔도 무방합니다.
손뜨개는 즐거운 성취감을 위한 것이지 스트레스를 받거나 속상하면 안 되겠지요? 즐겁고 편한대로 하시면 됩니다.

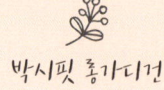

박시핏 롱가디건

# 2

AN EASY TO FOLLOW
STEP-BY STEP GUIDE

손뜨개를 하는 분들이라면 다들 갖고 계신 자투리 털실들.
이 자투리 털실을 이용해 만들 수 있는 예쁜 소품들을 소개해 드립니다.
남은 털실을 이용해 나만을 위한 특별한 소품을 만들어 보세요.

# 16

라스민 클러치백을
응용하여 만드는
라스민 티코스터

라스민 티코스터

## HOW TO MAKE

1. 사슬뜨기를 5개 만들어 첫 코에 빼뜨기하여 원형을 만들어 준다.
2. 도안과 같이 1 2 2 2 2 2 1 자스민 무늬를 만들어 원형에 넣어준다.
3. 다시 1 2 3 2 3 2 3 2 3 2 3 2 2를 만들어 자스민 무늬를 만든다.
4. 다음 단은 1 3 2 3 3 2 3 3 2 3 3 2 3 3 2 2 로 마무리한다.

라스민 티코스터

### TIPs!

애매하게 남은 털실들로 색색의 티코스터를 만들고 매우 두툼한 겨울용 실로 방석도 만들 수 있습니다.
활용도 높은 무늬로 다양한 아이디어를 낼 수 있습니다.

* 라스민 스티치는 크로스백 도안을 활용하여 만들었습니다.

# D E S I G N

147

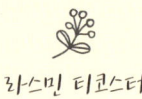

## 라스민 티코스터

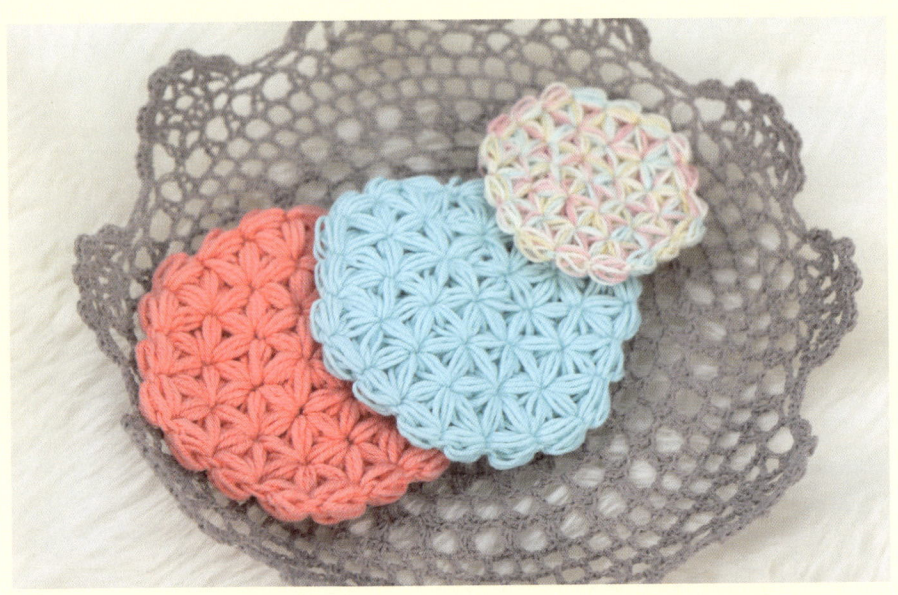

# 17

### 바늘이 필요 없는
### 털실 액세서리 리본 만들기

NO. **17** 털실 액세서리 리본

## HOW TO MAKE

1. 남은 실을 손에 적정량 감아준다.
2. 감은 털실을 조심스럽게 빼내어 정 가운데를 묶어 준다.
3. 이때 손이 아닌 두꺼운 종이나 카드를 이용하면 다양한 사이즈의 리본을 만드는 것이 가능하다.

털실 액세서리 리본

**TIPs!**

신발처럼 두 개의 사이즈가 동일해야 할 경우에는 손보다는 적정한 크기의 물건에 감아 만드는게 좋으며 이때 감는 횟수는 마음속으로 세어가며 동일한 횟수로 감아 주셔야 양쪽이 똑같은 모양의 리본이 됩니다.

## 털실 액세서리 리본

# 18

김라희식 '폼폼'

NO. 18 김라희식 '폼폼'

## HOW TO MAKE

1. 충분한 양의 털실을 준비한다.
2. 만들고 싶은 사이즈만큼 두꺼운 종이를 준비해 털실을 감아준다.
3. 가운데를 묶어 리본을 만든다. (바늘 없이 만드는 리본 액세서리 참조)
4. 감긴 털실의 양쪽 끝을 잘라 가위로 예쁘게 다듬어 폼폼을 완성한다.

김라희식 '폼폼'

### TIPs!

두꺼운 종이에 감아주는 털실의 양은 생각보다 많이 필요합니다.
실을 너무 많이 감거나 너무 두꺼운 털실을 사용하면 리본이 묶이지 않을 수 있습니다.
튼튼하고 얇은 실을 사용하시면 쉽게 폼폼을 만드실 수 있습니다.

## 김라희식 '폼폼'

# Epilogue

첫 책에 이어 이번에도 역시나 고된 즐거움을 느끼며 작업하였습니다. 그동안 제가 조금 더 발전했다는 생각에서였을까요? 지난번보다 아주 약간 더 힘들었던 것 같아요. 정확하게 이야기하자면 이렇게 발전한 제 자신의 욕심을 채우기 위한 시간이었습니다. 어떤 작품은 도저히 손에 잡히지 않아 6개월 내내 뜨기도 했고 자고 일어나 문득 갑자기 번뜩이는 아이디어로 하루 만에 완성한 작품도 있었습니다. 이 모든 작품들을 종이에 옮긴다는 건 정말이지 힘들지만 너무나 즐겁고 감사한 일입니다.

이번에 <김라희는 뜨개렐라2 : 센스 있는 코바늘·대바늘 손뜨개 작품>을 준비하면서 한 가지 목표가 있었습니다. '이 책을 보는 수많은 독자 분들에게 화려한 기술이나 테크닉 없이도 기초 뜨개를 응용하고 그것에 재미를 느껴 작품을 만드는 기쁨과 성취감을 느끼게 해 주고 싶다!'라는 목표였습니다. 하나의 기법만 알아도 그 기법을 활용해서 다양한 작품을 스스로 생각하며 만드는 즐거움을 드리고 싶었습니다. 하나의 무늬를 응용하여 취향에 맞춰 사이즈를 조절한다던지 선물 받는 사람의 사용 용도에 맞춰 변형을 시킨다던지 하는 이런 즐거운 작업들이요.

저처럼 뜨개 실력이 출중하지 않아도 기초 기법들을 응용하여 정말 무궁무진한 것들을 손끝에서 만들 수 있다는 그런 기쁨을 드리고 싶었습니다.

이러한 과정에서 가끔 너무 힘이 들 때면 그런 생각도 했지요... 그냥 취미로 뜨고 싶은 거 뜰 때가 제일 재미있고 행복했다라는 생각을요.^^

사실 저는 누굴 알려주고 가르칠만한 뜨개 고수가 아닙니다. 저는 여러분들과 마찬가지로 혼자 뜨개를 즐기며 좋아했던 사람 중에 한 사람이니까요. 도안도 잘 볼 줄 모르고 뜨는 기법도 많이 모르고 분명 정석이 있음에도 핸드메이드에 정석이 어디 있어! 라며 하고 싶은 대로 마음껏 뜨개질을 했습니다. 그리고 정말 신기하게도 손뜨개에 대한 전문적인 지식도 없고, 특정 교육 기관에서 배운 적 없는 저의 뜨개 테크닉과 방법들을 좋아해주고 사랑해주는 사람들이 한두 분 늘어 갔고 그것이 제가 뜨개를 하는 힘의 원천이 되었습니다. 칭찬은 고래도 춤추게 한다는 말이 있는데 저 역시 많은 분들의 사랑과 박수 속에서 춤추듯 그렇게 즐겁고 신나게 손뜨개를 했던 것 같습니다.

저 같은 초보자도 이렇게 뜨개의 즐거움 그리고 지만의 노하우와 방법들, 지식을 공유할 수 있다는 건 너무나 큰 기쁨입니다. 여러분들의 사랑 덕분에 이렇게 벌써 두 번째 책을 쓰게 되었습니다. '이 모든 게 꿈이 아닐까? 내가 책을 두 권이나 쓴 작가가 되다니!'라며 마음속으로 감탄하는 나날이 지속되고 있습니다. 가끔 길에서 책이나 유튜브 영상, 카페에 대한 이야기를 하며 아는척 해주시는 분들 또한 많이 늘어났습니다.

사람이 이렇게 행복해도 되나 싶을 정도로 감개무량한 나날의 연속이고 감사함의 연속입니다.

아직 미흡하고 부족한 것이 많아 실력이라 지칭하기도 민망한 저의 뜨개 실력을 담은 이 책을 소장해 주셔서 정말 감사합니다.

이 책을 쓰면서 그리고 살아가면서 사람은 절대 혼자 살 수 없고 또 주변 사람들에게 정말 많은 관심과 사랑 그리고 도움을 받아가며 산다는 걸 느꼈습니다. 특히나 책을 쓰는 작업을 할 때에는 고된 만큼 더욱 더 생각나는 분들이 많아집니다.

늘 상상속의 뜨개를 하겠다고 고집피우는 저를 묵묵히 기다려주시고 도움 주신 남성모사의 김승희 선생님, 촬영 당시 몸이 아파 고열에 시달린 저를 예쁘게 사진으로 담아 주신 컨트롤앤의 조민성 pd님, 열심히 도안 작업을 도와주신 오연숙님, 늘 살갑게 대해주신 삼성모사의 사장님과 사모님 그리고 박성환님, 박윤정님, 아낌없는 조언과 관심을 주신 니트러브의 조성진 사장님, 저의 뜨개 생활에 활력을 주신 뜨개하는 날라리 박선주 선생님, 대한민국 최고의 파워블로거 아이작 오빠, 착한 동생들 고희민, 최동욱, 김시진, 홍량, 유튜브 인트로 영상을 헬기장에서 멋지게 찍어준 OST 엔터테인먼트의 ceo이자 자랑스러운 내 친구 남욱재, 작품 활동 하는데 얌전히 조용하게 있어준 내 동생 뽀대와 간지, 손녀딸 털실 값 하라며 늘 제 작품을 비싼 값에 사가시는 사랑하는 우리 외할머니 이영복 여사님, 이런 창의력 넘치고 개성 있는 딸을 낳아서 키워주시고 큰 사랑으로 늘 뜨개 생활에 도움을 주는 우리 엄마 서주영, 책 작업의 막바지에 힘들어 할 때 고뇌하는 모습도 예쁘다며 응원해준 사랑하는 내 남자친구 한광원, 그리고 마지막으로 늘 제 영상을 봐주시고 응원해주시고 사랑해주시는 우리 뜨둥이들 정말정말 많이 사랑합니다.

감사합니다.

- 뜨개렐라 김라희